DU KLINGST WIE DEINE MUTTER

Warum junge Eltern
so schnell in die
Rollenfalle tappen

Diana Faust

DU KLINGST WIE DEINE MUTTER

Warum junge Eltern
so schnell in die
Rollenfalle tappen

südwest

ISBN 978-3-517-09252-2

1. Auflage 2014
© 2014 by Südwest Verlag, einem Unternehmen der Verlagsgruppe
Random House GmbH, 81673 München

Programmleitung: Silke Kirsch
Projektleitung: Esther Szolnoki
Lektorat: Ina Raki
Illustration: © iStockphoto/Kreatiw
Umschlaggestaltung: zeichenpool, München, unter Verwendung
folgender Illustrationen: Bügeleisen: shutterstock/Picsfive und vichie81;
Dampf: shutterstock/nikkytok; Schnuller: shutterstock/photka
Layout und Satz: Nadine Thiel | kreativsatz, Baldham
Druck und Verarbeitung: GGP Media GmbH, Pößneck
Printed in Germany

Verlagsgruppe Random House FSC® N001967
Das für dieses Buch verwendete FSC®-zertifizierte Papier *Munken
premium cream* liefert Arctic Paper Munkedal AB, Schweden

www.suedwest-verlag.de

Inhalt

Danke, M., für Deinen
Großmut in dieser Sache.

Einleitung
Auf zu alten Ufern

Ich dachte lange, wir seien ein gleichberechtigtes Paar. Aber dem ist nicht so. Seit ich ein Kind habe, steht mein Leben auf dem Kopf. Bei meinem Mann sieht es anders aus: Natürlich hat sich auch für ihn viel geändert. Aber er geht nach wie vor seiner Arbeit nach, seiner Karriere – er verlässt morgens um acht das Haus, kehrt abends um sieben zurück. Spielt eine Stunde mit dem Kind und freut sich, wenn ich ihm anschließend ein warmes Essen serviere. Klingt das modern?

Ich verlasse auch morgens um acht das Haus. Mit dem Kleinen.

Bringe ihn in seine Kleinkindgruppe.

Fahre wieder nach Hause.

Habe sechs Stunden Zeit vor mir, in der ich versuche, meine berufliche Selbstständigkeit aufzubauen.

Zeit, in der ich auch den Haushalt führe, Wäsche wasche, einkaufe, aufräume, putze.

Und nebenbei noch all die Dinge organisiere, die so anfallen: Nebenkostenrechnungen überweisen, Behördengänge erledigen, Papiere abheften, Geschenke für Geburtstage besorgen und verpacken, Babysitter organisieren.

Vorher bin ich einem Fulltime-Job nachgegangen. Angestellt, ganz normal wie mein Mann auch. Dass ein Kind vieles verändert, war mir bewusst. Wir lieben unser Kind und wir haben es uns von ganzem Herzen gewünscht. Aber dass ich diejenige sein würde, die ihren kompletten Lebensentwurf neu sortieren muss – das war mir nicht klar. Schließlich waren wir doch beide daran beteiligt, als wir ein Kind gemacht haben – ganz gleichberechtigt.

Ich dachte auch immer, wir seien selbstverständlich modern. Gleichberechtigung war für mich kein Thema, zu muffig muten die lila-frustrierten Emanzen von früher an, die sich niemals schminken und irgendwie unlocker rüberkommen. Ich habe wie mein Mann studiert – ja gut, er Wirtschaft, ich Philosophie –, wir haben beide gearbeitet. O. K.: Er verdient mehr als das Doppelte von dem, was ich nach Hause bringe, aber wer will auch schon den ganzen Tag tote Zahlen von rechts nach links schieben? Ich als Redakteurin, als kreativer Kopf, sah in meinem Beruf gleichzeitig ein Stück Selbstverwirklichung gelebt, das Gefühl, mein Können sinnvollen Zielen zu Diensten zu stellen. Was auch immer das sein mag. Ein bisschen naiv.

Jetzt ist es das Vernünftigste, unser Leben so zu organisieren, wie wir es tun. Mein Mann hat das höhere Einkommen, deshalb bringt er die Brötchen heim. Der Kleine ist nun immerhin schon mit eineinhalb Jahren in der Kleinkindgruppe. Bis maximal halb vier.

Und ich?

Meinen alten Job gibt es noch. Nur ist der Arbeitsplatz 100 Kilometer weit weg von unserem Zuhause. Und schon als ich damals dort anfing, war klar: Das ist nix für die Ewigkeit, weil die Fahrstrecke zu viel Zeit und Geld frisst. Es muss etwas in der Nähe her, denn gerade mit Kind ist Zeit gleich Reichtum.

Was ist übrig geblieben von gleichen Chancen, gleichen Lebenszielen und gleichen Startbedingungen? Nun, ein Bier muss ich meinem Mann abends nicht vor die Glotze stellen, auch sonst begegnen wir uns auf Augenhöhe. Doch wie wir unsere Familie organisieren, das unterscheidet sich nur in Nuancen von einem Leben in den 1950ern. Auch wenn ich keine Schürze mit der Aufschrift „Mutti ist die Beste" drauf beim Kochen trage und das Foto von dem Jungen auf der Kinder-Schokolade-Packung inzwischen durch ein neues Gesicht ersetzt worden ist.

Dieses Buch ist keine Streitschrift für Emanzipation. Es ist die Geschichte eines ehemals modernen Paares im Jahr 2012. Diese Geschichte wird erzählt aus der Perspektive einer Frau, wie es unzählige in Deutschland gibt. Vor allem aber kommt in dieser Geschichte auch ein Mann zu Wort, was in der Emanzipationsdebatte viel zu selten geschieht.

Die eigenen Schlüsse aus diesem Bericht muss jeder Leser selbst ziehen, auch wenn viele Hintergrundinformationen geliefert werden und Experten zu Wort kommen. Im besten Fall sind wir alle danach ein bisschen schlauer geworden und haben eine Idee davon, wie wir endlich ein gleichberechtigtes Leben führen können. Denn es geht in dieser elendigen Debatte nicht um persönliche Eitelkeiten. Es geht um sinkende Geburtenraten, um finanzielle Abhängigkeiten, um ungenutzte Potenziale – all das kann keine moderne, liberale Gesellschaft wollen.

Und jetzt gehe ich die Wäsche waschen.

Der Teufel steckt im Detail –

wie ein Rollenklischee Wirklichkeit wird

1 Neue traditionelle Rollen

Sie: *Das Kochlöffel-Syndrom*

„Früher war sie eine ziemlich gute Architektin und hatte viele Projekte. Doch dann kamen die Kinder dazwischen", erzählt eine meiner Freundinnen über eine andere Frau beim sonntäglichen Frühstücks-Come-together mit Nachwuchs.

„Da siehst du's wieder", stoße ich meinen Mann an, der sich gleich in Verteidigungsposition einrichtet: „Ach, und daran bin ich wohl schuld, dass auch diese Frau keine Karriere machen kann."

„Nein, nein, das habe ich doch gar nicht gemeint!", versuche ich zu beschwichtigen, obwohl ich mich darüber ärgere, dass er nicht versteht, was ich meine.

„Das hat doch nichts mit dir zu tun, aber so läuft es nun mal für die meisten Frauen, wenn sie erst einmal Mutter geworden sind."

Es ist unser ewiges Streitthema: Mein Widerwille dagegen, in klassischer Rollenverteilung mit Vater, Mutter, Kind zu leben. Damit konfrontiere ich meinen armen Mann tagein, tagaus. Wahrscheinlich bereut er schon nach einem Ehejahr insgeheim, dass er sich da solch eine Stress-Paula ins Haus geholt hat. Na ja, andererseits wusste er, worauf er sich einließ. Und das „Ja" am Traualtar sprach er aus tiefster Überzeugung.

Das Perfide an alten Rollenmustern ist, dass sich der Teufel in jedem kleinen Detail einnistet: Da mein Mann die Brötchen verdient, den ganzen Tag ackert und nicht vor abends um sieben wieder in den heimatlichen Hafen einläuft, liegt es zum Beispiel nahe, dass ich einkaufen gehe. Und mich ums Abendessen kümmere. Denn ich kenne auch seine Situation und verstehe ihn: Wenn ich früher nach neun Stunden Arbeit plus zwei Stunden Fahrzeit heimgekommen bin, war meine Lust, mich durch den Supermarkt zu wühlen und lange Warteschlangen an der Kasse hinzunehmen, gleich null. Deshalb gehe ich nun einkaufen, weil ich nachmittags oder auch vormittags jede Menge Zeit habe.

Mit dem Junior im Gepäck, den ich im Buggy vor mir herschiebe, habe ich von Haus aus eine leicht erhöhte Schrittfrequenz, weil ich nie weiß, wie lange der kleine Max entspannt bleibt und wann er beginnt, seinem Unmut über aufkommende Langeweile ungefiltert Luft zu machen. Auch treibt mich die leise Angst vorwärts, dass jeden Tag die viel diskutierte Trotzphase beginnen könnte, in der unser Kleiner sich strampelnd auf dem Supermarktboden wälzt wegen verwehrter Süßigkeiten.

So getrieben streife ich zwischen den Supermarktregalen herum und überlege, welches Gericht ich heute auf den Abendbrottisch zaubern könnte. Wieder Spaghetti mit Tomatensauce? Oder Pfannkuchen? Vielleicht besser Geschnetzeltes mit Reis und Gemüse? Huhn? Kalb? Oder den Hackbraten, den ich letztens in einem dieser Kochmagazine entdeckt habe? (Oh Gott, es ist wirklich wahr, ich setze mich tatsächlich mit Kochrezepten auseinander!)

Ich entscheide mich für Kartoffel-Brokkoli-Auflauf, besorge die Zutaten, bezahle. Zum Glück geht alles gut. Ich schleppe die Einkäufe und den Kleinen die zwei Etagen zu unserer Wohnung hoch. Den Junior von seinen diversen Winterschichten befreit, inklusive Schal, Mütze, Handschuhen ... dann entledige ich mich ebenfalls – schweißgebadet – meiner dicken Jacke.

Und nun geht's ans Kochen: Unter dem Protest von Klein-Max widme ich mich dem Kartoffel-Brokkoli-Auflauf. Max würde lieber mit mir spielen. Während ich koche, räumt er abwechselnd alle ihm erreichbaren Küchenschubladen aus, will von mir hochgehoben werden und schaltet in regelmäßigen Abständen den

Ofen an und aus, denn er hat gerade die Faszination dieser Knöpfe entdeckt, die sich – strengt er sich richtig an – drehen lassen!

Da höre ich den Schlüssel im Türschloss und ohne dass ich sagen könnte, warum genau, bin ich bedient. Irgendwie schlecht drauf. Mein Mann kommt herein und flötet „Hallo Schatz" und „Ja, wen haben wir denn da?! Agrrhh, den kleinen Tiger, haaaa".

Der kleine Tiger und mein Mann kommen in die Küche, mein Mann drückt mir einen Kuss auf die Wange und fragt: „Na, wie geht's? Hm, was gibt's denn da Leckeres? Auflauf!"

Ich: „Hm."

Klein-Max macht immer noch verschiedenste Tiger-Geräusche: „Hrrrr, grrrr, ahhhh", lacht und gluckst dabei.

„Ist er nicht süß?", fragt mein Mann, und dann: „Stimmt was nicht? Wie war dein Tag?"

„Ganz okay."

„Wo und wie man den ‚Job Mutter'
im sozialen Gefüge positioniert,
ist eine Frage der Werte."

(Jürgen Killus)

Lust zum Reden habe ich nicht. Worüber auch? Ich war einkaufen, dann habe ich gekocht, vorher ein Stündchen mit Klein-Max auf dem Spielplatz verbracht, Windeln gewechselt, ein bisschen aufgeräumt. Die Wäsche zu waschen habe ich nicht mehr geschafft. Geschweige denn ein paar Akquise-E-Mails zu verschicken, wie ich es ursprünglich vorhatte. Dinge, die die Welt bewegen. Meinem Mann fällt mein Unmut erst mal nicht auf.

„Du, ich geh mit dem Kleinen ein bisschen spielen, ja? Wie lange dauert denn das Essen noch? Ich hab großen Hunger!"

„Eine halbe Stunde", quetsche ich hervor. Während mein Mann mit Klein-Max im Kinderzimmer Holztürmchen baut, denke ich in der Küche darüber nach, was genau mir so schlechte

Laune macht. Es ist dieses Rollenklischee, das wir plötzlich leben. Irgendwie sind wir da hineingerutscht, obwohl ich das nie wollte. Wenn ich meinen Mann abends kochend empfange, verhagelt es mir die Laune, weil dieser Moment unsere Lebenssituation mit gnadenloser Klarheit offenlegt: Ich laufe gerade akut Gefahr, meine Karriere beendet zu haben, bevor es eigentlich richtig losging, und diese potenzielle Karriere gegen ein Leben als Halbtagsarbeiterin, Zubrotverdienerin, Kinderfrau, Haushälterin und Mutter in Personalunion zu tauschen. Nein. So hatte ich mir das nicht vorgestellt. Irgendwie fühle ich mich sehr leer in diesem Moment.

Es mag ja sein, dass es auch richtig lustig bis erfüllend sein kann, ein Leben im Job gegen ein Leben als Hausfrau und Mutter einzutauschen. Endlich nicht mehr das nagende Sonntagabendgefühl, wenn man an das Ende des Wochenendes und den bevorstehenden neuen Arbeitstag denkt und sich dieses leise Unwohlsein in der Bauchgegend breitmacht. Der ganze Stress, der Druck, das Taktieren in der Firma, die Kollegen, die Sorge, nicht gut genug zu sein. All das, womit man sich nun mal herumschlägt, wenn man einem Beruf nachgeht.

So haben einige Frauen, mit denen ich über die Aufteilung von Hausarbeit und Kinderbetreuung zulasten der Frauen spreche, eine ganz andere Meinung zu dem Thema. „Ich will das gar nicht anders", höre ich. Oder: „Kinder habe ich mir schon immer gewünscht, jetzt möchte ich auch für sie da sein."

Manchmal gibt es noch einen kleinen, feinen Seitenhieb dazu, bestechend in seiner Logik: „Warum hast du denn überhaupt ein Kind bekommen, wenn du dich jetzt gar nicht darum kümmern willst?"

Ich muss mich dann sehr wundern. Denn abgesehen davon, dass jeder so leben soll, wie er es für richtig hält, empfinde ich die Umstellung von der Arbeitnehmerin zur Mutti und Hausfrau als einen der krassesten Umbrüche in meinem Leben. Dabei geht es gar nicht so sehr darum, ob die Arbeit, die daheim zu erledigen ist, weniger anspruchsvoll als die berufliche ist oder nicht. Arbeit ist Arbeit. Schwieriger daran ist, dass mein Mann ganz selten zu mir sagt: „Schatz, heute hast du aber wieder ganz klasse geputzt."

Es fehlt die Anerkennung. Zwar erfreute mich auch mein Chef selten mit direktem Lob, dennoch spiegeln einem die Menschen im Arbeitsumfeld, ob man etwas gut oder schlecht gemacht hat. Es gibt Feedback auf verschiedensten Ebenen von Kollegen, Mitarbeitern, Kunden. Das kann ich von meinem kleinen Sohn selbstverständlich nicht erwarten. Im besten Fall schenkt er mir in zehn Jahren eine „Mutti-ist-die-Beste"-Schürze. Im schlechtesten konfrontiert er mich in seiner Pubertät mit „Du hast mich doch auf diese Welt gebracht, ich habe nicht darum gebeten und jetzt finde ich alles, einschließlich dir, ätzend!".

> „Frauen sind die Sklaven der Welt',
> hat John Lennon einmal gesagt.
> Das muss nicht so bleiben."
>
> (Jürgen Killus)

Kinder zu lieben ist die höchste Form von Selbstlosigkeit. Klar erwidern sie die Gefühle, aber es kann passieren, dass sie irgendwann nach Neuseeland auswandern. Man hat einfach nichts für seine Liebe zu erwarten. Wer das tut, wird ziemlich sicher enttäuscht werden.

Dazu kommt, dass ich als Hausfrau auf mein sauer und selbst verdientes Einkommen verzichte. Ja, ich bin auf das Geld meines Mannes angewiesen, was zu gruseligen, steinzeitlich anmutenden Argumentationsketten bei Streitereien führt. Doch dazu später mehr. Jetzt ist erst mal mein Mann dran, der zu meinem Kochlöffel-Syndrom, welches sich regelmäßig in abendlicher schlechter Laune äußert, sicher eine ganz eigene Meinung hat.

Er: Die Stress-Paula

Montagabend, der Tag war anstrengend. Ich steige die Treppen zur Wohnung hoch, während das Gedankenkarussell noch auf vollen Touren läuft: Mir schwirren noch die heutigen Meetings im Kopf herum, was gesagt wurde, was nicht gesagt wurde, was wieder nicht entschieden wurde. Die Kollegen vom Produktmarketing zicken rum, weil sie nicht genügend Kohle aus ihrem Etat lockermachen wollen. Verstehen die denn nicht, dass man ein neues Produkt bewerben muss, wenn es Erfolg haben soll? Die machen doch Produktmarketing, mein Gott. Die Abstimmung mit Sales läuft auch nicht gut. Memo an mich selbst: Einzelgespräche für nächste Woche terminieren. Nicht vergessen!

Ich bin gestresst von der U-Bahn-Fahrerei. Denn die Bahn kommt in regelmäßigen Abständen zu spät. Und ich weiß, dass meine Frau nicht darüber erfreut sein wird, wenn ich zu spät komme. Dabei versuche ich schon, pünktlich den Stift fallen zu lassen, obwohl ich es mir nicht auf einem Behördenstuhl bequem gemacht habe: Arbeit gäbe es noch bis abends um zehn. Aber ich will schließlich noch unseren Junior sehen und eine gutgelaunte Frau ist auch von großem Wert.

Während ich den Schlüssel ins Schloss stecke, klingele ich. Dann weiß Klein-Max, dass Papi im Anmarsch ist. Ich öffne die Tür, rufe: „Hallo Schatz!"

Kleine Füße tapsen eilig über den Fußboden. Ich freue mich: „Ja, wen haben wir denn da?! Agrrhh, den kleinen Tiger, haaaa."

Auch der Kleine freut sich, lacht. Ich gehe in die Küche, um zu schauen, wie die Stimmung bei meiner Frau ist. Das mache ich eigentlich jeden Abend und der Moment, in dem ich meiner Gattin gegenübertrete, um abzuschätzen, wie der Abend weitergehen wird, ist wie im Januar das Wetter für Juni vorhersagen zu wollen: Von Nieselregen bis Sonnenschein ist alles drin. Auch ein plötzlicher Sturm ist nicht ausgeschlossen. Wer weiß das schon so genau.

Heute ist wohl stimmungsmäßig so etwas wie Nieselregen angesagt. Ich frage, wie es ihr geht, was sie da Leckeres kocht. Keine eindeutige Reaktion.

Ich freue mich zwar, dass sie etwas kocht. Denn ich habe einen Bärenhunger. Sagen kann ich ihr das aber nicht. Würde ich das nämlich tun, würde sie vermutlich erst mal ein Hackebeil nach mir werfen, weil ich gerade ein Rollenklischee bedient habe. Genauso, wie man laut meiner Frau keine Küchengeräte zum Geburtstag an Damen verschenken sollte, weil das ihr Geschlecht ganz eindeutig diskriminiert. Es ist verzwickt. Denn meine Gattin kocht zwar, aber ich werde das Gefühl nicht los, dass ich deshalb ein schlechtes Gewissen haben muss.

Jetzt gehe ich erst mal mit dem Kleinen spielen. Und hoffe, dass sich meine Frau darüber freut, wenn ich ihr Klein-Max vor den Füßen wegräume. Damit sie in Ruhe das Abendessen fertig kochen kann.

Eigentlich habe ich einen ziemlich anstrengenden Tag hinter mir. Doch jetzt sind wir zwei Tiger in Aktion. Dann fangen wir an, Türme aus Holzklötzen zu bauen. Ich merke, dass ich müde bin. Am liebsten würde ich mich auf die Couch setzen, den Fernseher anschalten und ausruhen. Einfach nur ausruhen: runterkommen, nichts tun, mich entspannen. Das Jobkarussell ausschalten und versuchen, in so etwas wie einen Feierabend reinzukommen.

Aber nein, das geht nicht. Wir leben schließlich in einer modernen Beziehung beziehungsweise wollen das versuchen. Das bedeutet für mich, dass mein Arbeitstag nicht nach zehn Stunden endet, woran mich meine Frau täglich entweder durch stumme Vorwürfe oder durch sehr lebhafte Monologe erinnert. Schließlich habe ich auch zu Hause Aufgaben zu erledigen: Ich soll am besten zusätzlich zu meinem Job einkaufen gehen. Dass das Zeit kostet, die ich kaum habe, spielt keine Rolle. Dann muss ich mich um den Kleinen kümmern. Kochen wäre auch noch recht. Oder wenigstens beim Kochen helfen: vorher schnippeln, hinterher die

Küche aufräumen. Sonst heißt es ganz schnell, sie säße im Haushaltsgefängnis.

Ich finde, dass sie übertreibt. Klar stresst der Kleine manchmal und es ist etwas anderes, ob man eine Stunde oder den ganzen Tag mit ihm verbringt. Aber unser Sohn ist nun mal erst eineinhalb und lächelt einen nicht den ganzen Tag an. Niemand lächelt den ganzen Tag.

Aber ich möchte meiner Frau ja auch helfen. Also versuche ich immer wieder zu erfahren, was der Grund für ihre häufige abendliche Verstimmtheit ist, was genau ihr Problem ist – und wie man es lösen kann.

Meist kommt nur leider keine brauchbare Antwort, wenn ich sie nach ihrem Wohlbefinden frage. Also male ich mir selbst aus, was los sein könnte: Angefangen mit „sie nervt das Hausfrauendasein" über „der Kleine stresst" bis zu „die Hormone spinnen" ist vieles möglich. Schwer zu sagen. Also ist es für mich das Beste, wenn ich mit Klein-Max abschiebe. Ich verstehe ja auch, dass es stresst, wenn man kochen will und einem der kleine Tiger unnachgiebig um die Beine streift.

Dennoch, diesen sehr nachhaltig andauernden Grundunmut meiner Frau, den verstehe ich nicht wirklich. Und vor allem frage ich mich, was ich noch alles tun soll, um die Situation zu verbessern. Denn ich finde, dass ich sowieso bereits ein Vorzeigepapa bin: Ich kümmere mich morgens und abends um den Junior, stehe auch mal nachts auf, obwohl ich genau weiß, dass ich danach häufig nicht wieder einschlafen kann, wenn ich einmal aufgewacht bin. Ich wickele Klein-Max, ich gehe mit ihm spazieren, am Wochenende koche ich auch und räume die Küche auf, räume das Kinderzimmer auf.

Was erwartet meine Frau eigentlich von mir? Manchmal frage ich mich schon, ob sie nicht merkt, dass sie unrealistische Forderungen stellt. Und dass ich auch mal die Sportschau anschauen muss, um aufzutanken. Und ab und an mal wohnen. Einfach nur wohnen – das wäre schön.

Das sagt der Experte

Psychotherapeut Jürgen Killus rät:

Erkennen Sie, dass sich die Situation für beide sehr verändert hat

Mit dem Kind ändert sich das Leben für die Eltern – wobei der Einschnitt für die Frau stärker ist, da oft ihr neuer Lebensmittelpunkt nun zu Hause liegt. Bei Paaren mit getauschten Rollen berichten auch Männer, wie heftig diese Veränderung vor allem für den Selbstwert ist.

Definieren Sie Ihre Werte für sich selbst

Machen Sie sich klar, dass es eine Frage der Bewertung ist, wo und wie man den „Job Mutter" im sozialen Gefüge positioniert. Es gibt Kulturen, in denen das Muttersein sehr viel angesehener ist, weil man dort wertschätzt, dass die Frauen das Überleben der Art sicherstellen.

Begreifen Sie sich auch als Freunde

Sehen Sie die neue Situation auch als gemeinsames Projekt, das Sie als Freunde angehen! Dabei schließt Freundschaft Liebe nicht aus. Unsere heutige Beziehungsform hat sich erst vor gut 200 Jahren in der Romantik entwickelt, zu dieser Zeit entstand das Ideal der großen Liebe. Im Mittelalter zum Beispiel zählten Werte wie Zugehörigkeit und Freundschaft. Das würde uns ebenfalls gut tun. Der Anspruch an die von uns überhöhte Liebe in einer Beziehung ist zu groß.

Für die Frau: Akzeptieren Sie, dass Ihr Leben jetzt erst mal im Sandkasten und zwischen Kochtöpfen stattfindet. Das neue Leben mit Kind kann wie ein Kulturschock wirken. Denn seine Zeit immer mit einem Kind zu teilen, ist etwas komplett Neues.

Für den Mann: Verstehen Sie, dass das Leben jetzt anders ist. Nach der Arbeit erst einmal die Füße hochzulegen, das geht nicht mehr. Nutzen Sie die Heimfahrt zum Entspannen oder gehen Sie nach der Arbeit eine Viertelstunde in den Park, um möglichst schnell zu neuen Kräften zu kommen. Denn daheim warten nun mal Frau und Kind(er).

Lernen Sie Demut

Die neue Lebenssituation fordert viel von beiden. Man kann das eigene Ich und die Individualität nicht mehr so pflegen wie zuvor. Die persönlichen Bedürfnisse rücken ein Stück in den Hintergrund.

Finden Sie Sinn im Leben – erwarten Sie ihn nicht von Ihrer Beziehung

Auch wenn Beziehung in unserer Gesellschaft gern als „Endstation Erfüllung" definiert wird, ist sie das nicht. Sinn muss jeder für sich selbst finden. Je mehr man von einer Beziehung erwartet, desto schwieriger wird es, sie zu führen.

Achten Sie aufeinander

Fühlen Sie sich in die Situation des anderen ein. Das ist für eine sinnvolle Konfliktkultur wichtig. Erkennen Sie, welche Bedürfnisse hinter der Forderung des anderen stehen.

Erkennen Sie an, was Ihr Partner leistet

Eine buddhistische Weisheit besagt: „Wir beschäftigen uns so viel damit, mehr und weniger von etwas zu haben. Der Hauptpunkt ist aber mit dem umzugehen, was ist." Dann geht es nicht mehr so sehr darum, wer was tut. Beide tun, was zu tun ist, ohne die Aufgaben als Unterdrückung durch den anderen zu betrachten. Nehmen Sie diese Weisheit ernst.

Der Experte

Dr. Jürgen Killus ist Psychologischer Psychotherapeut und Psychoanalytiker in München. In seiner 35-jährigen Berufserfahrung hat er neben Einzeltherapien zahlreiche Paare beraten. Denn viele Menschen kommen in Lebenskrisen zu ihm in die Praxis, die häufig auch durch Trennungen entstehen.

---

2 Nächtliche Pflichten

Sie: *Gute Nacht, Baby – Aufstehen im Stundentakt*

Müde bin ich. Der Tag war lang. Und anstrengend. Der Kleine war nicht gut drauf, hat kaum etwas gegessen, sich dafür aber umso mehr beschwert.

„Vielleicht bekommt er Zähne", haben gefühlt zehn besorgte Mitmenschen gemutmaßt, oder: „Der brütet sicher was aus." Und: „Das ist ganz normal für sein Alter!"

Wie auch immer. Jetzt schläft er. Das ist hoffentlich auch ganz normal für sein Alter.

Auch ich bereite mich vor, es mir in meinem weichen Federbett bequem zu machen. Mich auszustrecken und einfach die Augen zu schließen. Herrlich! Nur daliegen und darauf warten, wie die Lider langsam schwer werden. Als ich ins Schlafzimmer komme, ist mein Mann schon ins Land der Träume entschwunden. Mit einer Zeitschrift in den Händen. Behutsam löse ich seine Finger vom Papier, schlüpfe unter die Decke, schalte das Licht aus. Döse vor mich hin. Wunderbar, das hier ist mein Moment des Tages. Daliegen, nichts tun, einschlafen. Und wieder habe ich Klein-Max einen Tag mehr begleitet auf seinem langen Weg zum Großwerden, schwirrt es mir so durch den Kopf, als auf einmal: „Uaahh!"

Nee, das ist jetzt nicht wahr. Ich horche, wieder hellwach. Hoffe inständig, dass der Kleine nur von wilden Schaukel-Aktionen träumt, von riesigen, unbezwingbaren Rutschen oder von großen Hunden, sich umdreht und weiterschläft. Warte eine Weile.

„Maama, Maaaammaa!"

Ich bin ein positiver Mensch. Ehrlich: Es kann sich noch alles zum Guten wenden. Ich muss nur fest daran glauben und Klein-Max die Gelegenheit geben, sich wieder selbst zu beruhigen. Dass habe ich doch in diesem Ratgeber gelesen, wie hieß er noch gleich? Egal.

„Maaamaa!! Uuhhh!"

OK. Ich schaue auf die Uhr: kurz vor Mitternacht. Ein paar Minuten sind seit der ersten Meldung von Max verstrichen. Jetzt heißt es aufstehen. Ich werfe noch einen Blick hinüber zu meinem Mann. Keine Reaktion. Nur eine Silhouette in der Dunkelheit, die sich gleichmäßig kaum erkennbar hebt und senkt. Merkwürdig, denke ich noch, wieso hört denn der nix? Ich schlage die Decke zurück, eile über den kalten Holzboden hinüber in Klein-Maxens Zimmer. Der steht schon aufrecht und für meinen Geschmack deutlich zu wach in seinem Gitterbett, hält sich am Bettrand fest, empört weinend, dass sich noch niemand um ihn gekümmert hat. Oder weil ein böser Traum noch seine kleine Seele betrübt. Oder er sich erschrocken hat, als er aufgewacht ist und festgestellt hat, dass er allein ist. Oder warum auch immer – wenn man das nur so genau wüsste.

„Alles gut mein Engel. Leg dich wieder hin. Es ist Schlafenszeit", beruhige ich mein Kind, gebe ihm einen Kuss auf die Stirn und bette es zurück in seine Kissen. Der Kleine beruhigt sich wirklich, ist intensiv mit seinem Schnuller beschäftigt.

Erleichtert lege ich mich wieder ins Bett. Drehe mich um, schlafe ein, die gleichmäßigen Atemzüge meines Mannes im Ohr.

„Uaahhh, ahhhh, uhhhh!"

Ich fahre hoch. Mann, dieses Mutter-Gen. Ich wache sofort auf, wenn Max weint. Wie spät ist es? Mist. Zwei Uhr. Der hat sich doch erst vor zwei Stunden gemeldet. Stille im Schlafzimmer. Mein Mann scheint wieder nichts von der für mein Gefühl deutlichen Ruhestörung mitzubekommen. Schläft einfach weiter. Hm. Wieder warte ich, im Grunde mit Gewissheit, wie es weitergeht.

„Paaapaa!", schallt es diesmal aus dem Kinderzimmer. Auch gut. Wenn nur der Papa ihn erhören würde. Doch ich habe Verständnis: Immerhin schlafe ich schnell wieder ein, auch wenn ich zwischendurch mal aufgestanden bin. Im Gegensatz zu meinem Ehemann – der tut sich da manchmal ein bisschen schwer. Und er muss morgen wieder malochen. Ich ertappe mich sogar dabei, dass ich denke, der Kleine soll nicht zu lange schreien, damit sein Papa nicht aufwacht. Und womöglich genervt ist von seiner kleinen, reizenden Familie. Ich regele das Ganze einfach schnell und effizient. Alles für die Familie, eine gute Mutter.

„Uuuhhhuu, Paaapaa!"

Da ist er wieder. Also los. Bettdecke zurückschlagen, aufstehen, rübereilen, Klein-Max beruhigen, der mehr und mehr Gefallen daran zu finden scheint am Rande seines Gitterbettchens zu stehen. Hauptsache, es kehrt schnell wieder Ruhe ein.

„Was ist denn, mein Engel? Leg dich wieder hin, es ist jetzt längst Schlafenszeit."

Beständigkeit und Wiederholung sollen wichtig sein für kleine Menschen, hab ich irgendwo gelesen.

„Nuulller, Nuuuller!"

Der Kleine zeigt in Richtung meiner Füße. Sein Schnuller ist aus dem Bett gefallen (oder hat er ihn etwa rausgeworfen?, beschleicht mich dieser kleine, sehr unmütterliche Gedanke). Dabei findet in Klein-Maxens Schlafstatt eh eine regelrechte Schnullerparty statt. Sein Bett ist mit mindestens drei bis vier Modellen ausgestattet, damit Max jederzeit im Halbschlaf einen findet, wenn er seinen geliebten Schnuller des Nächtens verliert. So war der Plan.

„Oh mein Engel, hast du deinen Schnuller verloren?"

„Nuulleer!"

Ich hebe das Kleinod auf, schiebe es wieder in Juniors Mund, bette ihn in seine Kissen, decke ihn gut zu, streichele behutsam über seinen Kopf.

„Schlaf schön weiter, mein Kind."

Intensives Nuckeln und sehr schwere Lider sind das Ergebnis meiner Bemühung. Sehr gut. Ich warte noch einen Moment, dann lege auch ich mich wieder hin. Müde. Mein Mann schläft immer noch. Wahnsinn. Hört denn der gar nichts? Das kann doch nicht sein. Ein diffuses Gefühl des Ärgers flammt in mir auf. Aber wie gesagt: Ich regele das einfach schnell und effizient. Was soll's. Ist doch super, wenn wenigstens einer hier gut schlafen kann. Der Kleine wird jetzt schon weiterschlafen. Und ich auch. Zufrieden, meine mütterliche Pflicht erfüllt zu haben.

„Maaaamaa! Maamaaaa!"

Nee. Jetzt reicht es aber. Blick auf die Uhr. Fünf Uhr früh. Das gibt es nicht. Verdammt noch mal.

„Uuuuaahh, uuuuuhhh, Nuuuller!"

Und jetzt? Jetzt ist meine Geduld am Ende. Ärger macht sich breit, und zwar sehr deutlich. Wenn ich nur nicht so wahnsinnig müde wäre, meine Glieder schwer wie Blei. Kann denn dieses Kind nicht einfach mal durchschlafen? Blick auf meinen Mann: keine Reaktion.

Jetzt sitze (oder liege) ich das aus, beschließe ich. Irgendwann ist auch mal Schluss. Zum Teufel mit der mütterlichen Pflicht! Wieso stehe nur ich ständig auf, wenn unser Kleiner getröstet werden muss? Und wieso muss er überhaupt ständig nachts getröstet werden? Irgendwie scheint es ein ungeschriebenes Gesetz zu sein, dass man als Mutter die volle Verantwortung für die lieben Kleinen zu tragen hat. Und ohne Murren das angeblich zur Mutterschaft gehörende Los auf sich nimmt, keine Nacht mehr durchzuschlafen.

Mein Kopf läuft auf Hochtouren: Das ist doch nicht zum Aushalten, denke ich. Drüben verlangt Max weiter nach seinem Schnuller. Frau hat die A…-Karte gezogen, aber statt sich darüber aufzuregen, neigt die Damenwelt dazu, die Rolle der 24-Stunden-Mutti in heroische Höhen zu heben und ihr fehlendes Durchsetzungsvermögen auch noch als Dienst an der Menschheit darzustellen.

Was soll denn das! Frauen, wir müssen mehr gemeinsame Sache machen. Uns nicht nur auf dem Spielplatz solidarisieren – sinnierend über die Zusammensetzung des Stuhlgangs unserer kleinen Prinzen und Prinzessinnen. Darüber können wir auch reden. Aber wir müssen vor allem mehr über die Zustände bei uns daheim sprechen. Wer zu Hause den Kochlöffel schwingt, die schmutzigen Socken einsammelt, die Kinder hätschelt. Wer in seiner beruflichen Laufbahn zurücksteckt zum Wohle der Familie. Ich bin sicher, wir können einander sehr ähnliche Geschichten erzählen. Erfahrungen, die uns helfen, etwas zu ändern, weil wir alle im selben Boot sitzen. Wir täten gut daran, mehr unsere Gemeinsamkeiten zu betonen, anstatt diejenigen schief anzuschauen, die es wagen auszubrechen.

Meine Gedanken werden unterbrochen von Klein-Max, der nach wie vor nicht zu überhören sein sollte. Was ist nur mit den Vätern los? Auch wenn ich nachts pflichtbewusst meinem Dienst an der Menschheit nachkomme – schließlich möchte ich eine gute Mutter sein – und den Junior immer wieder beruhige, nagt an mir die Frage: Warum können wir uns nicht abwechseln? Das wäre doch nur fair. Ich bin wütend. Und gestresst. Ich bleibe liegen.

„Maaama, Maamaa!", weint es von drüben. Das tut weh. Ich drehe mich um, weg von der Tür zum Kinderzimmer, als ob das was bringen würde.

„Nuuulleer! Uuuuhh!"

Es dauert noch, ich weiß nicht wie lange, bis es endlich neben mir raschelt. Das Gesicht meines Mannes taucht schließlich aus den Kissen empor.

„Was hat er denn, der Kleine, wie spät ist es?"

„Woher soll ich wissen, was er hat. Es ist fünf", gebe ich zurück.

„Hey, immer mit der Ruhe. Vielleicht beruhigt er sich ja von allein wieder."

„Maaamaa! Maaama!!"

Ich warte. Mein Mann offensichtlich auch. Wie zwei Boxer im Ring. Eine Minute, zwei. Zeit, die sich dehnt wie Kaugummi.

„Waaaaahh, uaaahhh!"

Als mein Mann merkt, dass ich mich nicht rühre, verlässt er seufzend das Bett, kümmert sich um den Kleinen. Es dauert ein bisschen. Als er wiederkommt, bin ich schon eingeschlafen.

Um sieben Uhr klingelt der Wecker. Mein Ehemann gähnt, streckt sich: „Wahnsinn", murmelt er schlaftrunken. „Bist du auch so müde wie ich? Ich muss einfach mal wieder durchschlafen, ich pack das sonst alles nicht."

„Hm."

Mehr bringe ich nicht heraus. Bin einfach zu erschlagen und nebenan höre ich auch schon wieder Klein-Max, der bereits ungeduldig darauf wartet, den nächsten neuen Tag in seinem jungen Leben zu beginnen.

Er: War was?

Max schläft. Sehr gut. Jetzt bloß keinen Krach mehr machen. Kein Tellerklappern, hoffentlich kommen keine Anrufe, Klingeln an der Haustür – fatal! Denn jetzt lautet die Devise: Hauptsache Max wacht nicht noch mal auf. Deshalb verbringen meine Frau und ich den Abend in latenter Anspannung. Denn wir wissen: Wir bewegen uns auf dünnem Eis. Der Schlaf von Kleinkindern ist nämlich höchst unberechenbar – mit unangenehmen Folgen für uns. Schlafen wie ein Baby? Wer hat sich eigentlich diesen schwachsinnigen Spruch ausgedacht?

Irgendwann wollen wir auch schlafen gehen. Ich zuerst. Während meine Frau noch im Bad hantiert – das Wasser rauscht, sie putzt sich die Zähne – sind meine Lider bereits schwer geworden. Irgendwie merke ich noch, wie sie die Zeitschrift, in der ich geblättert habe, behutsam aus meinen Händen nimmt, das Licht neben mir löscht. Das rührt mich und mich durchfährt ein warmes Gefühl. Jetzt kann ich gut schlafen.

„Uaahh!", höre ich plötzlich und denke mir auch: „Uaahh."

Was für ein Mist. Denn es ist mitten in der Nacht und mitten in der Nacht aufzustehen ist mit das Schlimmste, was es so gibt. Was ist mit meiner Frau – hört die auch was?

„Maama, Maaaammaa!"

Der Herr Schwarzhuber, mein Biologielehrer damals in der Schule, hat immer gesagt, dass Frauen selbst beim größten Sturm, bei Donner und Platzregen, das kleinste Weinen ihres Kindes hören, weil sie auf diesem Frequenzbereich total übersensibel sind. Das hat die Natur so eingerichtet, hat er gesagt. Sehr gut, der Herr Schwarzhuber. Das klingt absolut logisch.

„Maaamaa!! Uuhhh!"

Da ist es wieder. Das Weinen. Es raschelt neben mir. Ich registriere, dass meine Frau die Bettdecke zurückschlägt, aufsteht, hinübereilt. Ich bin heilfroh, dass sie das regelt. Morgen gehe ich dann rüber. Ganz sicher. Und schon bin ich wieder hinübergeglitten ins Reich der Träume. Schön.

„Maaaamaa! Maamaaaa!"

Das ist Klein-Max. Schon wieder. Er weint. Der kann ruhig mal kurz protestieren, denke ich. Nur so wird er sich die Weinerei irgendwann abgewöhnen.

„Uuuuaahh, uuuuuhhh, Nuuuller!"

Bitte, Schatz, denke ich jetzt, geh doch noch mal rüber. Dann würde ich hinterher auch fragen, was los war. Nämlich nix. Schnuller weg oder Decke. Es ist doch immer dasselbe. Viel Lärm um nichts. Aber ich hätte gefragt. Pro forma. Wegen des schlechten Gewissens. So hätte ich zumindest dokumentiert, dass ich auch wach war und deshalb mitgeholfen habe, das Problem zu lösen. Liegenderweise, okay – aber immerhin.

„Nuuulleer! Uuuuhh!"

Hört sie sie nicht, meine stillen Gebete? Hm. Jetzt bin ich endgültig wach. Schaue rüber zu meiner Frau: „Was hat er denn, der Kleine? Wie spät ist es?"

„Woher soll ich wissen, was er hat. Es ist fünf."

Wie charmant von ihr.

„Hey, immer mit der Ruhe. Vielleicht beruhigt er sich ja von allein wieder."

„Maaamaa! Maaama!!"

Ich warte. Meine Frau offensichtlich auch. Wie zwei Boxer im Ring. Eine Minute, zwei. Zeit, die sich dehnt wie Kaugummi.

„Waaaaahh, uaaahhh!"

Na super. Fünf Uhr. Und meine Frau macht diesmal keine Anstalten aufzustehen. Blöd. Ich seufze. Stehe auf. Dann ist morgen halt schon heute, denke ich. Morgen wollte ich ja rübergehen, wenn Max geweint hätte. Wie bin ich nur auf diese bescheuerte Idee gekommen? Mann, dieser Holzboden ist echt kalt.

Hoffentlich kann ich gleich noch ein bisschen vor mich hindösen und muss mir nicht noch zwei Stunden lang sein Weinen anhören. Aber ich bin Optimist: Max wird sich schon wieder beruhigen. Der Kleine steht in seinem Gitterbett und will, dass ich ihn heraushebe. Er denkt wohl, der Tag fängt an. Falsch gedacht. Nicht mit Papa. Der Tag fängt nämlich noch nicht an. Wenn, würden wir jetzt noch ein bisschen mit Max bei uns im Bett kuscheln oder versuchen – je nachdem, wie wach er ist – seine strampelnden Füße abzuwehren. Oder seinem Entdeckergeist standzuhalten, wenn er mit seinem Finger in einem unserer Nasenlöcher herumbohrt, weil er gerade die Bestandteile des Gesichts entdeckt hat.

„Naane", freut er sich dann, und „Muunn" und „Auube".

Jetzt freut er sich leider gar nicht. Ganz im Gegenteil. Er streckt seine Arme aus, will hochgehoben werden. Ist sehr ungehalten, als ich sage: „Leg dich wieder hin, ruhe dich noch ein bisschen aus, mein Schatz. Es ist sehr früh, es ist noch Schlafenszeit."

Ich verlasse sein Zimmer. Max protestiert zwar, aber normalerweise reicht es, kurz zu ihm zu gehen, um ihn zu beruhigen. Ich lege mich ins Bett, bin wach. Und auch ein bisschen stolz, dass ich ein so gewissenhafter Papa bin: Obwohl ich am nächsten Morgen möglichst fit in die Arbeit muss, übernehme ich diesen verdammt undankbaren Nachtjob. Ehrlich gesagt, stehe ich sogar

lieber morgens um fünf kurz auf und erfülle damit meinen Part –
und verschwinde dann später in die Arbeit. Denn die macht mir
Spaß. Bei allem Stress, den ich dort habe, bin ich weniger Un-
wägbarkeiten ausgesetzt als daheim mit Max. Selbst wenn es mir
generell natürlich auch viel Spaß macht, Zeit mit ihm zu verbringen. Er ist schließlich super!

Ich schaue zu meiner Frau, sie atmet gleichmäßig, die Glück-
liche. Hoffentlich kann ich auch noch ein bisschen schlafen. Ich
wälze mich hin und her.

Na toll, das war's dann wohl. Wenigstens hört der Kleine
irgendwann auf zu weinen. Ich bin wach, denke an den Job.
Denke an die 20 noch ungelesenen E-Mails, für die ich gestern
keine Zeit mehr hatte. Hoffentlich war nichts Wichtiges dabei. Ich
versuche, an etwas Entspannendes zu denken. An unseren letzten
Urlaub. Das Meer. An Max, wie er durch den Sand tapst und ins
Wasser läuft. Sich kaputtlacht, wenn das kalte Wasser seine Füße
fängt – nur schlafen kann ich deshalb trotzdem nicht. Gehe ins
Wohnzimmer, surfe im Internet. Scanne das politische Gesche-
hen. Nichts Besonderes los zurzeit. Keine größeren Skandale oder
Debatten. Schade eigentlich. Denn wenn etwas passiert, zum Beispiel dass der Bundespräsident beim Chefredakteur des größten
Boulevardblattes des Landes anruft, um die Recherchen über
seine Machenschaften zu unterbinden, sind die Beiträge darüber
doch sehr unterhaltsam. Zumindest anfangs. Denn irgendwann
ist jedes Thema ausgeschlachtet. Aber selbst dann jagt immer
noch ein empörter Bürger-, Journalisten- und Politiker-Aufschrei
den nächsten. Gegen halb sieben lege ich mich doch noch mal ins
Bett. Es ist, als käme der Schlaf, weil ich weiß, dass ich gleich aufstehen muss. Ich entschlummere wirklich, der Wecker klingelt.
Was für eine Scheiße.

„Wahnsinn", murmele ich. „Bist du auch so müde wie ich? Ich
muss einfach mal wieder durchschlafen, ich pack das sonst nicht."

„Hm", brummt sie, wohl auch noch nicht ganz wach. Drüben
rührt sich Klein-Max. Jetzt beginnt der Tag endgültig.

Das sagt der Experte

Paartherapeut Hans Jellouschek rät:

Schweigen ist Silber, Reden ist Gold

Treffen Sie klare Abmachungen. Nur so können Sie als Paar das Vorhaben „geteilte Verantwortung" tatsächlich realisieren.

Teilen Sie die Kinderbetreuung wirklich auf

Dann erfährt der Mann, was es bedeutet, auf einen großen Teil der eigenen Freiheit zu verzichten.

Machen Sie gemeinsame Sache

Seien Sie sich als Paar darüber einig, dass Elternsein ein Gemeinschaftsprojekt ist und dass der Vater als Bezugsperson für die Kinder genauso wichtig ist wie die Mutter.

Seien Sie zu Kompromissen und Toleranz bereit

Angesichts der familiären und beruflichen Situation, in der Sie sich als Paar befinden, ist eine genaue Aufteilung 50:50 nicht möglich. Deshalb: Der Mann sollte seine berufliche Situation nicht als Ausrede benutzen, um sich vor dem Aufstehen zu drücken. Genauso sollte die Frau Verständnis für den Druck aufbringen, dem ihr Mann in seinem Job ausgesetzt ist.

Bleiben Sie flexibel für unterschiedliche Situationen

Klären Sie die Zuständigkeiten angepasst an die jeweilige Lage: Wenn der Mann eine besonders stressige Phase im Job hat, sollte die Frau nachts aufstehen. Hat sie viel Arbeit, kommt er ihr entgegen.

Zeigen Sie beide Engagement

Passen Sie sich beide immer wieder den Erfordernissen der Situation an – und zwar so, dass keiner von Ihnen beiden die Aufteilung als ungerecht empfindet.

Der Experte

Hans Jellouschek ist Theologe und Psychotherapeut in Tübingen. Er blickt auf eine 30-jährige Karriere als Eheberater zurück und gilt als einer der bedeutendsten Paartherapeuten Deutschlands. Er hat diverse Bücher zum Thema Liebe und Beziehung geschrieben.

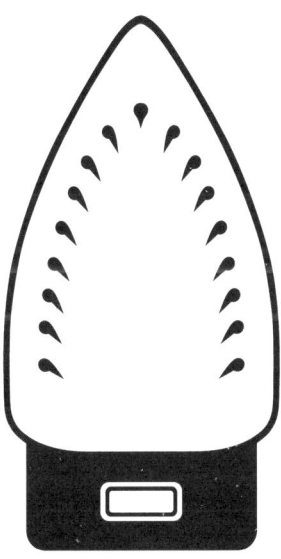

3 Die Folgen des Naheliegenden

Sie: Sehe ich aus wie Inspektor Gadget?

Wir sind jetzt eine Familie. Mit Vater, Mutter, Kind. Da ist es nur richtig, dass jeder einen Teil der anfallenden Arbeiten übernimmt, um das hoffentlich erfolgreiche kleine Familienunternehmen zu managen. In der Werbung kümmert sich die adrette Familienmanagerin umfassend um die Belange ihrer Sippe, navigiert das Familienschiff durch schwierigste Projektphasen, seien es volle Einkaufstüten, Klavierstunden oder Kinderspielzeug. Sie ist stolz, so eine gewiefte Umschreibung ihres Alltags gefunden zu haben.

Sie könnte auch einfach sagen: „Ich bin Hausfrau."

Oder: „Ich putze, wasche, gehe einkaufen und organisiere das Freizeitprogramm für die Kinder."

An den Tatsachen würde das nichts ändern. Es wäre ehrlicher. Denn irgendwie hat dieser Werbeslogan den Beigeschmack der totalen Kapitulation: Nicht nur, dass sich die adrette Mutti so gern in ihr Schicksal fügt, schlimmer noch, sie bedient sich dabei auch noch der Sprache der Arbeitswelt. Um sich ihr Leben schönzureden? Um mitzuspielen? Oder um endlich verstanden zu werden? Ja, warum eigentlich?

Bei uns übernimmt mein Mann einen sehr großen Teil der Arbeiten. Zwar nicht die, die im Haus anfallen, aber einer muss schließlich jagen. Und einer muss sich um den Rest kümmern. Zum Beispiel die Post. In unserem Wohnzimmer gibt es einen großen Tisch, ursprünglich als Esstisch gedacht. Mittlerweile türmen sich auf diesem großen Tisch jede Menge Papiere, in oder neben einer der Ablagewannen – Briefe, geöffnete und ungeöffnete, Ordner … Der Tisch ist das Büro unserer kleinen Familie. Nur irgendwie fühlt sich keiner so richtig zuständig für dieses Büro. Bis auf Klein-Max, der die Papiere ab und zu mit seinen Buntstiften bearbeitet.

„Maal", freut er sich dann. Und ich freue mich, wenn er nicht versehentlich einen Kugelschreiber für seine Werke erwischt.

Dass auf unserem Wohnzimmertisch ein Papierstau entstanden ist, fällt meinem Ehemann eines Samstags auf. Und er macht sich daran, des Problems Herr zu werden: „Schatz, ich mache die Post."

Der Junior möchte helfen und verlangt auf den Schoß meines Mannes gehoben zu werden: „Au, au!"

Laute wie „f", „ch" oder „k" muss unser Prinz noch lernen.

„Mäxchen. Oh, möchtest du Papa zuschauen? Komm hoch, mein Süßer!"

„Jaa!"

Klein-Max gefällt es auf Papas Schoß. Er schnappt sich einen Stift – leider einen Kuli – und malt Striche auf eines der Blätter.

„Max! Was machst du da? So geht das nicht. Papi muss hier arbeiten. Nein, Max! Schaatz?! Kannst du dich bitte um den Kleinen kümmern? Ich kann so nicht arbeiten!"

Was glaubt mein Mann, wie ich den Papierkram erledige, wenn Klein-Max daheim ist, aber er nicht?! Gut. Ich eile herbei. Schließlich ist Wochenende und das wollen wir in Harmonie verbringen – auch wenn uns das ohnehin fast nie gelingt.

„Komm, mein Kind, wir gehen ein Buch lesen", locke ich den Junior.

„Buu?!", antwortet der Kleine.

Zum Glück ist er in einem Alter, in dem er sich für vieles begeistern lässt. Drüben höre ich meinen Ehemann tippen, mit den Papieren rascheln, mit dem Locher hantieren. Das klingt gut. Etwa eine Stunde später hat er alles sortiert.

„So, jetzt habe ich ein bisschen Ordnung in das Chaos gebracht. Kannst du dann den Rest der Papiere abheften?", fragt er mich, teils zufrieden über die erledigte Arbeit, teils vorwurfsvoll. Als hätte ich ihm persönlich eine Stunde seiner wertvollen Wochenendfreizeit genommen. Weil er vor allem seine Job-Abrechnungen und Kontoauszüge überprüft hat. Ehe ich antworten kann, fällt ihm ein: „Und ich habe da noch eine Idee. Du könntest dich doch in Zukunft um den Papierkram kümmern. Ich würde mich sehr freuen, wenn du die Post bearbeitest. Schließlich bin ich den ganzen Tag in der Arbeit und am Wochenende kommen wir so selten dazu. Und du hast doch vormittags massig Zeit."

Ich schlucke. Was soll ich antworten? Ja klar, im Prinzip klingt das sehr vernünftig, was mein Mann da vorschlägt. Bestechend logisch. Wenn ich auf seinen Vorschlag nicht eingehe, würde das absolut unvernünftig wirken. Und ein bisschen faul. Aber um Gottes Willen. Ich möchte hier nicht die Sekretärin spielen. Bevor Klein-Max auf der Welt war und wir beide gearbeitet haben, wäre keiner von uns auf die Idee gekommen, sich vom anderen die Post erledigen zu lassen. Die Ablage zu machen. Brief öffnen, gegebenenfalls Überweisung tätigen, abheften im Ordner „Telefon" – oder wo auch immer.

Dazu kommt, dass sich das Prinzip „Schatz, kannst du mal schnell?!" immer mehr in unseren Alltag einzunisten droht. Ist mein Mann erkältet, rate ich ihm: „Iss mehr Obst!"

„Kannst du mir welches mitbringen? Du gehst doch sowieso einkaufen."

Auch wenn Haarwachs, Rasierschaum oder Shampoo zur Neige gehen, schleicht sich das Kannst-du-mal-schnell-Prinzip ein. Oder wenn es darum geht, die Anzüge meines Geliebten zu säubern. Die Reinigung befindet sich praktischerweise nur zwei Straßen weiter.

„Schatz, kannst du mal schnell?", höre ich wieder. Oder die Hemden. Neulich war unsere Zugehfrau krank. Die haben wir eingestellt, weil wir schon in den Zeiten vor Klein-Max heftig darüber debattiert haben, wie verknitterte Hemden faltenfrei werden. Eine Möglichkeit wäre, das Bügeleisen zu schwingen. Nur: Wer tut das? Mein Ehemann weigert sich, seit ich ihn kenne.

„Ich muss so viel arbeiten, da habe ich zum Bügeln einfach keine Lust mehr."

> „Der Gleichklang im Alltag,
> den Kinder brauchen,
> ist für einen Erwachsenen,
> der vorher frei war zu tun,
> was er wollte, eine Zumutung."
> (Peter Wattler-Kugler)

Verständlich. Ich habe aber auch keine Lust zum Bügeln. Warum sollte ich also seine Hemden bügeln? Ich würde nicht im Traum auf die Idee kommen, von meinem Mann zu erwarten, meine Röcke oder Kleider zu glätten.

„Aber für dich ist es kein Problem. Du kannst bügeln. Ich kann es nicht so gut", schmeichelte er mir gern. Und da die Wäsche zu waschen auch damals schon in meiner Verantwortung lag (ich musste sehr genaue Anweisungen geben, um Hilfe von meinem Mann zu bekommen, schließlich wusste er nicht, was er tat mit bunten und weißen Socken, Unterhosen, T-Shirts), wäre es ja nur noch ein kleiner Schritt gewesen, die Wäsche inklusive Hemden zu bügeln. Das geht doch ganz schnell.

Wir lösten das Problem, indem die Zugehfrau kam. Sehr elegant. Unsere Zugehfrau kommt auch heute noch, aber sie war eben wie schon erwähnt letztens krank. Also fragte mein Mann: „Könntest du bitte die Hemden zum Bügeln bringen? Das geht doch ganz schnell."

Natürlich kann ich „mal schnell …". Aber die Summe der vielen schnellen Kleinigkeiten ist das Problem. Wenn ich all den lästigen Kleinkram erledige, der so anfällt, habe ich keine Zeit mehr für einen Job. Also einen bezahlten Job. Oder ich muss mir Go-Go-Gadgeto-Arme zulegen, um mein Allround-Arbeitspensum zu schaffen.

Wegen der Hemden habe ich wieder geschluckt und gehofft, dass unsere Zugehfrau schnell gesund wird. Um das Problem elegant zu lösen. Ich hatte Glück.

In den meisten Fällen schlucke ich allerdings nicht. Wie neulich. Da ärgerte ich mich sehr darüber, dass mein Mann absolut selbstverständlich zu erwarten schien, ein fertiges Mahl auf dem abendlichen Küchentisch vorzufinden. Früher, vor Klein-Max, einigten wir uns im Laufe des Tages darauf, was wir abends essen wollten und wer was besorgen würde. Mal sprach er das Thema an, mal ich. Das passiert heute nur noch selten.

Um meinen Ehemann darauf aufmerksam zu machen, dass sich das Essen nicht von allein kocht, streikte ich. Ging nicht einkaufen, kochte nichts. Zuerst schien ihm das gar nicht aufzufallen. Er machte es sich auf der Couch bequem, nachdem Klein-Max entschlummert war, und fragte: „Was essen wir denn heute?"

„Ich weiß es nicht", antwortete ich. „Hast du dich nicht darum gekümmert? Nichts eingekauft? Hm."

„Was soll denn das?"

„Merkst du was?"

„Spinnst du?"

„Es ist nicht die gute Fee, die hier abends das Essen hinstellt, und ich bin es leid, diese Aufgabe ungefragt zu übernehmen. Du könntest auch mal einkaufen gehen nach der Arbeit oder zumindest Vorschläge fürs Abendessen einbringen!"

„Jetzt reicht es mir aber", seine Stimme wird laut, seine Augen funkeln, sie sehen aus, als würden jeden Moment kleine Wut-Pfeile aus ihnen schießen.

„Ich gehe den ganzen Tag arbeiten und das ist wahrlich kein Spaziergang. Den ganzen Tag Stress pur. Ich hab keinen Kaffeeklatsch mit anderen Muttis. Da kann ich ja wohl erwarten, dass abends ein warmes Essen auf dem Tisch steht! Jetzt, wo du den ganzen Tag zu Hause bist!"

> *„Paare, die nie streiten,*
> *trennen sich."*
> (Peter Wattler-Kugler)

Bum. Das hat gesessen. Jetzt sind wir ganz tief gesunken, noch tiefer als in die 1950er-Jahre. Mir reicht es auch für heute. Da ist jede Diskussion zwecklos.

„Wenn du das so siehst, verstehst du gar nichts", antworte ich trotzig und schiebe ab. Abendessen fällt heute aus. Ich gehe raus, spazieren. Ok, ich bin nicht gerade diplomatisch vorgegangen. Aber er muss doch meinen Punkt sehen? Wie konnte es nur so weit kommen, grübele ich, während mich die kalte Abendluft auf der Straße empfängt.

Er: Du hast doch jetzt so viel Zeit, kannst du mal schnell?

Ich komme von der Arbeit. Gestresst. Warum ist mein Job eigentlich so anstrengend, frage ich mich, während ich das Auto parke. Zum Glück habe ich einen Platz nur ein paar Schritte von unserer Eingangstür entfernt gefunden. Ich grübele: Was bekomme ich da nicht gebacken?

Ich brauche mehr Energie, denke ich mir. Aber woher soll ich die nehmen? Denn ich befinde mich in einer unaufhaltsamen Negativspirale. Nicht nur der Job frisst mich auf, sondern auch unser Familienleben. Unser Junior kann sich eben leider noch nicht mit sich selbst beschäftigen. Er ist ja noch so klein. Und so süß. Aber klar, er bedeutet auch mehr Arbeit. Wenn dann noch eine Ehefrau dazukommt, die einem das Leben schwer macht, dann ist der Energiehaushalt eben einfach schnell erschöpft. Meiner zumindest. Und ich habe nicht mal mehr Ressourcen frei, um wieder aufzutanken.

Trotz allem freue ich mich, endlich heimzukommen. Ich habe nichts gegessen und wie meistens, wenn ich von der Arbeit nach Hause komme, knurrt mir der Magen. Jetzt würde ich einfach gern schön mit meiner Familie zu Abend essen, runterkommen, was Positives vom Tag haben. Allerdings bin ich heute spät dran und als ich die Türe aufschließe, höre ich meine Frau und den Kleinen. Sie ist gerade dabei, ihn ins Bett zu bringen. Also gebe ich meinem Sohn noch schnell einen dicken Gute-Nacht-Kuss, bevor er schlafen geht.

„Naa!", winkt er mir hinterher.

„Gute Nacht, mein Engel", antworte ich ihm. Dann lege ich mich auf die Couch. Kurz darauf kommt meine Ehefrau aus dem Kinderzimmer. Ich frage sie, nichts Böses ahnend: „Was essen wir denn heute?"

„Ich weiß es nicht", antwortet sie. „Hast du dich nicht darum gekümmert? Nichts eingekauft? Hm."

Hä? Denke ich mir. Ich verstehe gar nichts. Wieso sollte ich mich darum gekümmert haben, das mache ich doch nie! Sie hätte mir Bescheid geben müssen, wenn ich was hätte besorgen sollen. Ich verfüge leider nicht über telepathische Fähigkeiten, mit denen ich erspüre, was im Kosmos meiner Frau gerade vor sich geht.

„Was soll denn das?", frage ich deshalb. Ich bin genervt. Vielleicht hätte ich bedenken müssen, dass die Frage „Was essen wir?" mich in meiner modernen Beziehung zum Todgeweihten erklärt.

„Merkst du was?", gibt sie zurück.

Das ist ja wohl die Höhe, wie kann sie nur so unverschämt sein. Und der aggressive Ton.

„Spinnst du?", rege ich mich auf.

„Es ist nicht die gute Fee, die hier abends das Essen hinstellt, und ich bin es leid, diese Aufgabe ungefragt zu übernehmen. Du könntest auch mal einkaufen gehen nach der Arbeit oder zumindest Vorschläge fürs Abendessen einbringen!"

„Jetzt reicht es mir aber!" Ich werde laut, jetzt bin ich wütend.

„Ich gehe den ganzen Tag arbeiten und das ist wahrlich kein Spaziergang. Den ganzen Tag Stress pur. Ich hab keinen Kaffeeklatsch mit anderen Muttis. Da kann ich ja wohl erwarten, dass abends ein warmes Essen auf dem Tisch steht! Jetzt, wo du den ganzen Tag zu Hause bist!"

Wer hat denn hier schließlich mehr Zeit, denke ich ärgerlich. Und wenn ich schon was besorgen soll, dann kann sie doch bitteschön eine Ansage machen. Zum Beispiel: „Schatz, kannst du bitte Kartoffeln oder Burger oder egal was mitbringen?" Es gibt doch Telefone! Und was soll überhaupt diese Feindseligkeit aus dem Nichts heraus von null auf hundert? Das ist nun wirklich nicht die Kommunikation, zu der die diversen Beziehungsbücher, die wir gern wälzen, raten.

Das Problem an der ganzen Sache ist die knappe Zeit. Mein Leben war bereits vor unserem Kind am Anschlag geplant. Ich bin nun mal der „Typ Karriere". Ich komme nicht um vier Uhr nachmittags nach Hause, um mir dann Gedanken darüber zu machen, wie ich den Rest des Tages gestalte. Mein Arbeitstag endet um 19 Uhr oder 20 Uhr. Bevor Max auf der Welt war, wurde es manchmal auch noch später.

Jetzt, wo der Kleine da ist, habe ich noch weniger Zeit als vorher. Aber die Zeit, die meiner Frau zur Verfügung steht, die ist mehr geworden. Schließlich arbeitet sie von zu Hause aus. Da kann sie doch ein paar Dinge daheim und für mich erledigen, die für unsere Familie insgesamt nun mal notwendig sind.

Aber bereits bevor Max geboren war, hat sie sich quergestellt. Zum Beispiel beim Thema Bügeln: Ich kann nicht bügeln. Ich habe es nie gelernt. Da finde ich es sinnvoll, wenn meine Frau das übernimmt, weil sie weiß, wie man ein Hemd bügelt.

Okay. Natürlich ist meine Sicht auch ein Artefakt einer patriarchalischen Familienstruktur – mein Vater hat nie Hemden gebügelt. Ganz im Gegenteil: Er hat sich immer damit gebrüstet, dass er nicht abspült, weil er ein Mann ist.

Ich erwarte von meiner Frau nicht, dass sie meine Hemden bügelt. Ich finde lediglich, dass Gründe dafür sprechen. Wenn sie das nicht tun möchte, dann muss es jemand anders erledigen, weil ich es ganz sicher nicht tun werde. Für genau solche Zwecke gibt es Dienstleister. So haben wir das Thema Bügeln dann auch geregelt: Wir stellten eine Zugehfrau ein. Am Ende geht es nämlich darum, dass wir unsere Familie effizient organisieren. Und wenn es effizient ist, Arbeiten auszulagern, dann tun wir das.

Allerdings ist meine Frau ungern effizient. Zum Beispiel versuche ich ihr immer wieder zu erklären, dass wir Zeit sparen, wenn wir Dinge parallelisieren: Während der eine einkaufen geht, kann der andere Sachen zum Sperrmüll fahren oder was sonst so anfällt erledigen. Aber meine Frau will immer alles gemeinsam machen.

Es ist auch effizient, dass meine Frau einkaufen geht, jetzt, wo sie so viel Zeit hat. Kürzlich, als ich erkältet war, riet sie mir: „Iss mehr Obst!"

„Kannst du mir welches mitbringen? Du gehst doch sowieso einkaufen."

Ich fand das logisch. Aber irgendwie wurde ich das Gefühl nicht los, dass sie aus dieser kleinen Bitte am liebsten wieder einen Staatsakt gemacht hätte. Anstatt es einfach zu machen und es gut sein zu lassen.

Dasselbe mit der Ablage: Ich stellte mir die Frage, wie wir uns gegenseitig unterstützen können. Dabei dachte ich an ein befreundetes Paar, bei dem es selbstverständlich ist, dass sie sich um die Buchhaltung kümmert, weil ihr Mann viel um die Ohren hat. Schließlich handelt es sich bei den ganzen Lohnabrechnungen, Zahlungsaufforderungen und Ämterdokumenten um eine Angelegenheit der Familie. Bei uns türmen sich die Papierstapel seit Monaten auf dem Wohnzimmertisch, der zu unserem Büro umfunktioniert ist. Da meine Frau die Stapel ignoriert, machte ich mich eines Samstags daran, das Problem zu lösen.

„Schatz, ich mache die Post."

„Au, au!", freut sich Klein-Max.

„Mäxchen. Oh, möchtest du Papa zuschauen? Komm hoch, mein Süßer!"

Auf meinen Schoß geklettert verzierte Max, ehe ich mich versah, eine Abrechnung mit Kulistrichen.

> *„Das Leben ohne klare Rollenverteilung*
> *ist deutlich komplizierter,*
> *komplexer und anstrengender."*
>
> (Peter Wattler-Kugler)

„Max! Was machst du da? So geht das nicht. Papi muss hier arbeiten. Nein, Max! Schaatz?! Kannst du dich bitte um den Kleinen kümmern? Ich kann so nicht arbeiten!"

„Komm, mein Kind, wir gehen ein Buch lesen", trällerte meine Frau und nahm den Kleinen mit.

„Buu?!", antwortete der Junior. Endlich Ruhe. Ich begann, die Papiere zu bearbeiten. Nach einer Stunde hatte ich alles sortiert.

„So, jetzt habe ich ein bisschen Ordnung in das Chaos gebracht. Kannst du dann den Rest der Papiere abheften?", erklärte ich meiner Ehefrau. Den Rest fand ich, könnte sie erledigen. Dann sprach ich noch an, was ich ihr sowieso vorschlagen wollte: „Ich habe da noch eine Idee. Du könntest dich doch in Zukunft um den Papierkram kümmern. Ich würde mich sehr freuen, wenn du die Post bearbeitest. Schließlich bin ich den ganzen Tag in der Arbeit und am Wochenende kommen wir so selten dazu. Und du hast doch vormittags massig Zeit."

Sie antwortete mit einem unbestimmten Brummen. Ich hoffte, dass das „Ja" heißen sollte, einen erneuten Staatsakt konnte ich nicht gebrauchen. Schließlich hatte ich eine für uns alle sehr effiziente Lösung gefunden. Gut, dass sie jetzt so viel Zeit hat.

Das sagt der Experte

Paartherapeut Peter Wattler-Kugler rät:

Vermeiden Sie Streits nicht, setzen Sie sich auseinander

Auseinandersetzungen sind erforderlich, weil sie Unterschiede in den Auffassungen und Wünschen benennen und zeigen, dass bei mindestens einem der Partner Leidensdruck besteht. Scheut man den Konflikt, stauen sich unausgesprochene Dinge an – und werden so größer.

Wenden Sie die Dinge am Ende ins Konstruktive

Es gibt auch unlösbare Probleme. Aber für die lösbaren sollte man eine für beide Partner befriedigende Lösung finden, es nutzt beiden!

Arrangieren Sie sich auch mal

Unlösbare Streits haben ihre Ursache meist in Persönlichkeitsunterschieden. Damit muss ein Paar leben. Es nutzt keinem, sie zu unüberwindlichen Streitgegenständen zu machen. Hier gibt es nur die Möglichkeit, ein Arrangement zu treffen oder einen Kompromiss zu finden.

Reden Sie

Sprechen Sie Ihre Sorgen an, teilen Sie dem anderen Ihre Wünsche mit. Bedenken Sie dabei aber, dass Ihr Partner nicht automatisch dafür da ist, Ihre persönlichen Wünsche zu erfüllen.

Wechseln Sie ab und an den Blickwinkel

Lernen Sie, dass die Sicht des anderen auf dieselben Dinge zwar eine andere, aber dennoch gleich wahr und richtig wie Ihre ist. Die ganze Wahrheit umfasst beide Sichtweisen. Führen Sie Formen der Zwiegespräche (das ist eine besondere Art der Unterhaltung, die der Psychoanalytiker L. M. Möller in „Die Wahrheit beginnt zu zweit" beschreibt; Anleitungen finden Sie auch im Internet), in denen beide verstehen, wie der oder die andere die Welt wahrnimmt in dem Wissen, dass die „ganze Wahrheit" beide Perspektiven berücksichtigt.

Sprechen Sie über den wirklichen Streitgrund

Was ist für die Frau die eigentliche Zumutung beim Abendessen-kochen? Geht es darum, dass Selbstverständlichkeiten entstehen, die keine sind? Ist es das Gefühl der Überforderung oder der mangelnden Würdigung? Oder befürchtet sie, zum Handlanger ihres Mannes zu werden, sodass beide Partner nicht mehr auf Augenhöhe sind?

Tauschen Sie zeitweise die Rollen

Ein Wochenende reicht nicht aus, um als Mann die Rolle der Haus-frau und Mutter wirklich zu verstehen. Für diese Erfahrung brauchen Sie Zeit. Nutzen Sie die Möglichkeit, als Mann Elternzeit zu nehmen, möglichst nicht erst am Ende des zu Verfügung stehenden Zeitraums. Wenn das nicht geht, kann es stattdessen sinnvoll sein, sogar mal den Urlaub zu opfern.

Seien Sie pragmatisch und ehrlich

Treffen Sie Absprachen, wer was wann erledigt. Bei den Überweisun-gen und Abrechnungen könnte man sich monateweise abwechseln. Sprechen Sie miteinander vorbehaltlos über das, was ist. Formulieren Sie zum Beispiel auch, dass Sie das „Arbeitengehen" durchaus ab und an als Geschenk empfinden.

Sprechen Sie mit anderen

Unterhalten Sie sich mit anderen Paaren aus Ihrem Bekanntenkreis, die ebenfalls verschiedene Rollenmodelle ausprobieren – und teilen Sie Ihre Erfahrungen miteinander.

Der Experte

Peter Wattler-Kugler ist Paartherapeut. Gemeinsam mit seiner Kollegin Inge Mühlberger führt er eine Praxis in Köln, in der der Diplompsychologe und Psychotherapeut schon vielen Paaren geholfen hat, wieder zueinanderzufinden. Er selbst ist verhei-ratet und hat drei Kinder, die mittlerweile erwachsen sind.

Was nicht ist,
kann ja noch werden –
Gleichberechtigung ist Einstellungssache

4 Hoheitsgebiet Haushalt

Sie: *Schau in den Kühlschrank, das hilft*

Alles beginnt im Kopf. Auch das Gefühl für Gleichberechtigung. Es fängt mit zahlreichen Kleinigkeiten an: den nicht weggeräumten Socken und Unterhosen beispielsweise. Bei den Klassikern halt. Man muss kaum erwähnen, wer das Liegengebliebene täglich und immer wieder einsammelt.

Aber mein Ehemann möchte auch helfen. So will er den Einkauf übernehmen, derweil spiele ich mit dem Junior Pferd in seinem Zimmer. Ich bin das Pferd, der Kleine ist der Reiter. Und mein Mann ist der Ausführer. Ja, der Ausführer. Dabei ist er es eigentlich gewohnt, anzuführen. Zu managen. Strukturen zu schaffen. Das tut er tagein, tagaus in seinem Job. Vielleicht ist deshalb seine Energie erschöpft und für zu Hause sind keine Ressourcen mehr frei. Ich weiß es nicht.

Ich trabe mit meinem glucksenden kleinen Reiter durchs Kinderzimmer, als mein Ehemann fragt: „Schatz, was soll ich denn einkaufen? Komm doch mal!"

Mäxchen und ich steuern in die Küche. Dort sitzt mein Mann mit gezücktem Stift in der Hand und einem leeren Zettel vor sich am Tisch.

„Milch? Haben wir noch Eier? Brot?"

„Ich weiß nicht, was wir noch da haben. Schau doch mal nach!"

„Kannst du mir nicht sagen, was wir brauchen?"

Das scheint mir so, als wenn er seine Kollegen fragt, ob sie ihm eine To-do-Liste für seinen Arbeitstag aufsetzen können. Ich bin befremdet. Denn das ist wohl ein Strukturproblem, mit dem wir es hier zu tun haben. Ich rümpfe die Nase.

„Du, eigentlich bin ich gerade mit Klein-Max in der Prärie unterwegs", antworte ich, während der Kleine mit seinen Füßen leicht, aber anhaltend meine Rippen traktiert.

„Wie wäre es, wenn du einfach selbst einen Blick in den Kühlschrank wirfst?"

Mein Mann schaut von seiner leeren Liste auf: „Aber du hast den Überblick. Es geht doch viel schneller, wenn du nachschaust", erwidert er. Ich höre Unmut in seiner Stimme.

„Da hast du Recht. Aber ich fände es schön, wenn du dir selbst einen Überblick verschaffen könntest. Schließlich ist das hier genauso dein Haushalt wie meiner. Und ich wollte nicht den Vorstand übernehmen, sondern das mit dir gemeinsam machen."

Unverständnis blickt mir entgegen. Und genau das ist der Punkt. Wenn Männer schon einkaufen gehen, was toll ist, dann doch bitte mit allen Konsequenzen. Es ist doch auch gar nicht so schwer. Männer, emanzipiert euch und wagt es, die Einkaufsliste eigenständig zu erstellen! Darum geht es. Der Sand im Getriebe hängt dort, wo die Herren sich daheim zu Ausführern machen und nicht gewillt sind, den Kühlschrank zu öffnen, um zu sehen: Aha, es fehlt Milch, die Butter geht zur Neige und ein wenig Aufschnitt zum Frühstück wäre auch schön.

Das erfordert zwar ein bisschen mehr Aufwand, aber wenn Männer und Frauen sich beide für ihr Zuhause zuständig fühlen wollen, dann gehört es einfach dazu, quasi als Doppelspitze das häusliche Zepter zu schwingen. Der eine kann seine Pflicht nicht schon dadurch erfüllt sehen, dass er die vom anderen aufgetragenen Arbeiten erledigt hat. Um sich dann beim nächsten Treffen mit den Kumpels wieder lustig zu machen über seine nervige Frau, die mal wieder einen Rappel bekommen hat und ihn zum Einkaufen geschickt hat. Frauen halt. Und man kann beruhigt sein. Beruhigt, weil daheim jemand ist, der all die lästigen Arbeiten übernimmt, für die Mann einfach nicht gemacht ist. Beruhigt auch, weil Frau sich am Ende nach wie vor um Mann kümmert – so wie Mami früher. Das ist doch unbefriedigend. Und unmodern. Und irgendwie auch unsexy.

Denn ein Mann, der daheim keine Verantwortung übernimmt, hat etwas Verstaubtes, erinnert mich an diese Muttersöhnchen, die sich auch mit 35 Jahren und sich abzeichnenden Geheimratsecken noch sonntags an Mamis gedeckten Tisch setzen, während die ihnen den Stuhl zurechtrückt und mit warmer Stimme säuselt: „Schatz, es gibt dein Lieblingsessen. Kohlrouladen.“

Kann man das wirklich wollen? Das sind auch genau die Männer, die ebenfalls mit 35 Jahren einfach noch nicht bereit sind für eine feste Beziehung. Ganz zu schweigen von einem Kind. Die sich erst mal und ausschließlich um sich kümmern müssen. Schwierigkeiten haben, sich zu binden. Wir kennen das alle. Und viele Frauen zeigen größtes Verständnis für solcherlei Schwierigkeiten. Wenn sie es dann doch schaffen, sich ein solches Kerlchen zu angeln, dann tun sie alles dafür, ihn zu halten und das Nest so warm und sauber wie möglich zu gestalten. So wie bei Mutti eben, damit das Vögelchen nicht wieder davonflattert. Auch, wenn sie damit manchmal vielleicht besser beraten wären.

Vor einiger Zeit habe ich in der Neon eine Geschichte darüber gelesen, wie man seinem Partner oder seiner Partnerin im Alltag seine Liebe zeigt.[1] Eine junge Frau Anfang 20 erzählte, dass sie zu der Mutter ihres Liebsten gefahren sei, um sich von ihr zeigen zu lassen, wie man das Lieblingsrezept ihres Freundes kocht. Kohlrouladen. Nun kann man sagen, dass es eine schöne Sache ist, wenn der eine Partner dem anderen sein Lieblingsessen kocht. Das sehe ich auch so. Frau muss sich nur fragen, ob das ein Liebesdienst ist, so wie sie ihm Karten für seine Lieblingsband besorgt, oder ob es sich um die Anfänge der häuslichen Kümmererrolle handelt. Sie dient, er wird bedient. So, wie er es bei Mutti gelernt hat. Und so, wie auch sie es daheim gelernt hat. Wenn es Frau

---

1 Neon, April 2012, im Mode-Extra

nicht kümmert, ob der eigene Mann daheim Verantwortung übernimmt, dann ist alles gut. Wenn sie aber wieder in ihren Beruf zurückkehren möchte, nachdem sie etwas für unser aller Generationenvertrag getan hat, dann wäre es von Vorteil, den Mann am Haushalt teilhaben zu lassen. Damit bei ihr nicht später die vielgefürchtete und kaum zu bewältigende Falle der Doppelbelastung zuschnappt.

Zurück in unsere Küche: Mein Mann seufzt, mit immer noch verständnisloser Miene, in die sich eine Prise Genervtheit mischt. „Jetzt spielt sie wieder die Emanzenplatte ab, das langweilt mich", möchte dieser Blick mir sagen.

„Du willst, dass ich eine Einkaufsliste schreibe? Okay, dann beschwere dich aber auch nicht, wenn ich Sachen mitbringe, die du nie kaufen würdest."

„Nein, das werde ich nicht", beteuere ich feierlich und nehme mir vor, diesmal ausnahmsweise wirklich meinen Mund zu halten, wenn er mit Chips, Keksen, mehreren Dosen geschälten Tomaten im eigenen Saft und mit ich-weiß-nicht-was-noch ankommt. Ich drücke ihm einen Kuss auf die Wange.

„Toll, Schatz, dann bis später", freue ich mich und galoppiere mit Klein-Max zurück ins Kinderzimmer, hinaus in die Prärie.

Er: Mach mir eine Einkaufsliste

Ich habe frei. Meine Frau spielt mit Klein-Max Pferd und ich bin froh, den Tag Tag sein zu lassen. So weit das geht, schließlich ist immer etwas zu erledigen. Zum Beispiel der Einkauf. Das könnte ich heute übernehmen. Also setze ich mich an den Küchentisch, um aufzuschreiben, was fehlt. Und weil meine Frau den Überblick hat, tue ich das Naheliegende: Ich frage sie, was wir brauchen: „Schatz, was soll ich denn besorgen? Komm doch mal!"

Ich will eine Liste. Ich will von vornherein wissen, was ich einkaufen muss, will mich nicht im Supermarkt inspirieren lassen, wie meine Gattin das gern tut. Also werde ich konkreter: „Milch? Haben wir noch genügend Eier? Brot?"

> „*Das Gehirn ist sehr lernfähig:*
> *Es gibt keine Studien, die belegen,*
> *dass Männer rationaler sind.*
> *Viele sind auch hochemotional.*"
>
> (Prof. Gereon Fink)

„Ich weiß nicht, was wir noch dahaben. Schau doch mal nach!"

„Kannst du mir nicht sagen, was wir brauchen?"

Wieso macht sie denn jetzt so einen Aufstand? Sie ist zu Hause und weiß, wie es im Kühlschrank aussieht. Dass nur noch zwei Eier da sind, sehe ich. Aber was weiß ich, was sie vorhat zu kochen oder zu backen? Kaiserschmarrn, Kuchen, Omelett? Wahrscheinlich denkt sie, in einer gleichberechtigten Beziehung sollte auch ich mir Gedanken darüber machen, welchen Kuchen ich backen könnte. Ich will aber keinen Kuchen backen! Das ist einfach nicht mein Ding. Ich kann es nicht und will es auch nicht lernen.

Ich frage mich: Müssen wirklich immer beide alles gleich gut machen? Einkaufen, abspülen, aufräumen, mit dem Kind rausgehen, Schränke aufbauen, das Fahrrad reparieren, den Fernseher oder den Computer zum Laufen bringen? Wenn man sich das unter Gerechtigkeitsaspekten überlegt, lautet die Antwort wohl: ja. Aber das ist doch Blödsinn. Vollkommen an der Wirklichkeit vorbei. Meine Frau würde ganz schön im Regen stehen, müsste sie sich selbst um technische Probleme kümmern. Wie oft ruft sie mich abends in der Arbeit an, weil sie den Fernseher nicht zum Laufen bekommt? Und bitteschön: Es geht bei diesen Anrufen lediglich darum, die Kiste in Betrieb zu nehmen. Ganz zu schweigen von echten technischen Problemen, die nun auch hin und wieder auftreten. Ja, ich bediene ein Klischee. Genauer: Meine

Frau bedient es. Ob sie auch bereit ist, an ihrem Verstand für Technik zu arbeiten? Denn an meinem Küchenwissen zu feilen, ist ihr offensichtlich ein Anliegen: „Wie wäre es, wenn du einfach selbst einen Blick in den Kühlschrank wirfst?"

Ich schaue von meinem unbeschriebenen Blatt auf: „Aber du hast den Überblick. Es geht doch viel schneller, wenn du nachschaust", gebe ich genervt zurück.

Hat die Frau noch nie was von Arbeitsteilung gehört? Es ist gut, verschiedene Qualitäten und Talente in einer Familie zu haben. Mal angenommen, ich hätte fünf Kinder: einen Kfz-Mechaniker, einen Juristen, einen Arzt, einen Koch und einen Handwerker. Wenn mein Auto kaputt wäre, würde ich dann zu dem Sohn gehen, der Arzt ist? Nein, ich würde den Kfz-Mechaniker um Hilfe bitten. Weil er sich auskennt und mein Auto gut und schnell repariert. Dieses Prinzip ist meiner Frau wohl fremd: „Da hast du Recht. Aber ich fände es schön, wenn du dir selbst einen Überblick verschaffen könntest. Schließlich ist das hier genauso dein Haushalt wie meiner. Und ich wollte nicht den Vorstand übernehmen, sondern das mit dir gemeinsam machen."

Wie stellt sie sich das vor? Einer meiner früheren Chefs hat gern den Satz zitiert: „Auf jedem Schiff, das dampft und segelt, gibt's einen nur, der alles regelt."

Doppelspitzen sind ineffizient. Man muss sich abstimmen und austauschen, das kostet Zeit und bedeutet ständige Diskussionen. Geht etwas schief, will keiner schuld sein und die Verantwortung übernehmen. Deshalb bin ich ein Freund klarer Hierarchien. Eine Doppelspitze ist eine Kompromisslösung.

Außerdem hat meine Frau lange Zeit in der Gastronomie gearbeitet. Da muss sie doch wissen, wie der Hase läuft, wenn es darum geht, die Speisekammern zu füllen. Das ist kein demokratischer Prozess, sondern der Koch sagt an.

Ich finde meine Gattin furchtbar dogmatisch. Ihr geht es nur ums Prinzip. Nicht darum, als Familie ein Team zu bilden und die Aufgaben sinnvoll untereinander aufzuteilen. Ich verstehe durchaus, dass auch ich zu Hause Verantwortung übernehmen muss, aber das Einkaufen ist dafür einfach nicht die sinnvollste Option.

Aber gut, ich verschaffe mir selbst den Überblick, auch wenn das alles andere als zweckmäßig ist! Mich stresst es, die Einkaufsliste zu schreiben, weil ich in Sachen Eier- und Milchvorrat nicht up to date bin. Darüber hinaus gibt es zwei Sichtweisen, wie der Kühlschrank befüllt werden soll. Ich kaufe gern auf Vorrat, sie nicht. Sie will frischen Blattspinat, ich liebe Chips und Kekse und den Rahmspinat mit dem Blubb. Das verkompliziert die Angelegenheit. Das Leben ist kompliziert genug, man muss es nicht durch unwichtige Detailfragen noch verworrener machen.

Ich seufze, denn ich verstehe nicht, warum sie in diesem Punkt so unlocker ist. Und betreibe vorsorglich Schadenbegrenzung, wohl wissend, wo sich der nächste Diskussionspunkt entzünden wird: „Du willst, dass ich eine Einkaufsliste schreibe? Okay, dann beschwere dich aber auch nicht, wenn ich Sachen mitbringe, die du nie kaufen würdest."

„Nein, das werde ich nicht."

„Toll, Schatz, dann bis später."

Na so was. Voller Elan galoppiert sie mit Max aus der Küche. Offensichtlich freut sie sich wirklich darüber, dass ich jetzt diese Liste schreibe. Also mache ich mich dran. Mal überlegen: Wir brauchen Eier, Brot, Milch. Und ganz sicher mehrere Dosen geschälte Tomaten. Die vergisst sie gern.

Das sagt der Experte

Neurologe Gereon Fink erklärt:

Interesse ist das A und O

Ein Mann kann ebenso gut wie eine Frau eine Einkaufsliste erstellen. Er muss sich nur dafür interessieren. Tut er das nicht, wird er es nicht so gut machen wie jemand, der seine Aufmerksamkeit darauf richtet.

Unterschiedlich und formbar

Männergehirne und Frauengehirne weisen strukturelle Unterschiede auf, die haben aber nichts damit zu tun, ob Männer ihre Socken wegräumen können. Wenn sie das nicht tun, liegt das daran, dass die Mutter sie ihnen schon hinterhergeräumt hat. Männliche Gehirne sind im Schnitt größer und rund 100 Gramm schwerer als Frauenhirne. Auch sind bestimmte Bereiche mit mehr Zellen ausgestattet und Botenstoffen, welche die Signale zwischen den Zellen vermitteln. Außerdem aktivieren Männer und Frauen in unterschiedlicher Weise die rechte oder linke Gehirnhälfte, wenn sie Aufgaben durchführen. Und die Strukturen, die für emotionale Ereignisse zuständig sind, sind bei Frauen tendenziell deutlicher. Bei Männern ist das räumliche Verarbeiten stärker ausgeprägt, bei Frauen sind es die sprachlichen Fähigkeiten. Deshalb sind Männergehirne aber nicht effizienter oder Männer intelligenter. Es gibt überhaupt keinen Nachweis, dass dem Mann die 100 Gramm mehr irgendetwas nützen.

Viele Studien versuchen einen Zusammenhang herzustellen zwischen bekannten Stereotypen und Unterschieden von männlichen und weiblichen Gehirnen. Diese Studien erklären aber nicht die Ursachen dieser Zusammenhänge. Wir verstehen noch lange nicht, warum es zu diesen Unterschieden kommt.

Ein Teil unseres Verhaltens ist genetisch vererbt, aber ein großer Teil ist geprägt von dem, was wir gelernt haben. Das erlernte Verhalten spiegelt sich im Gehirn wider und führt auch zu strukturellen Veränderungen, deshalb wundert es nicht, dass sich unterschiedliches Verhalten im Gehirn darstellt.

Die Technikaffinität von Jungen und die Puppenaffinität von Mädchen sind sicher das Ergebnis erlernten Verhaltens, nicht das einer unterschiedlichen genetischen Ausstattung.

Männer können Kinder erziehen, keine Frage!

Früher war der Selektionsmechanismus für den erfolgreichen Mann die Verteidigung der Familie gegen äußere Angreifer. Wenn er das nicht getan hat, hat er sich nicht fortgepflanzt. Das hat sich über die

Jahrtausende in den Genen festgeschrieben. Heute können Männer Kinder erziehen und sich trotzdem fortpflanzen. Genetisch in uns verankert ist aber immer noch, dass der Mann die Familie ernährt und verteidigt. Der Selektionsmechanismus für Frauen war der Schutz der Herde. Die Frau, die sich nicht um die Familie gekümmert hat, hat ihre Gene nicht weitergegeben.

Diese Prägungen sind veränderbar, aber das geht nicht innerhalb von einer Generation. Es wird wieder Jahrtausende dauern, bis sich Veränderungen in den Genen zeigen.

Der Experte

Professor Gereon Fink ist Hirnforscher und Direktor der Klinik und Poliklinik für Neurologie der Uniklinik in Köln. In seiner Forschung befasst er sich mit der Funktionsweise des menschlichen Gehirns.

5 „Unlockeres" Loslassen

Sie: *Lass mal, ich mach das schon*

Ich bin davon überzeugt, dass ich manche Dinge besonders gut kann. Ja, ich gebe es zu. Weil ich viel Zeit daheim verbringe, viel Wäsche wasche, oft koche, in der Regel den Kleinen morgens anziehe – wobei ich natürlich modische Aspekte berücksichtige –, ihn abends bade und zu Bett lege und so weiter und so weiter. Aus diesen Gründen bin ich wirklich davon überzeugt, dass ich weiß, welche Kleiderschichten bei welchen Temperaturen die richtigen sind, welche Decke wann und wie zum Einsatz kommen sollte und mit welchen Salben und Essenzen das Kind versorgt werden muss, damit es rosig, vergnügt und gesund bleibt. Ich bin mir sicher, dass meine Art, die Wäsche aufzuhängen, richtig ist – schließlich hänge ich nicht einfach nur Wäsche auf, nein, ich tue das mit System.

Und nicht nur beim Wäscheaufhängen, auch beim Kochen folge ich einem System. So verwende ich selten ein Nudelsieb, um unsere tägliche Ration Pasta abzugießen. Das Sieb muss nämlich sonst hinterher abgespült werden. Das produziert unnötig Arbeit, weshalb ich mich des Nudelwassers durch den kleinen Spalt zwischen Topf und dem zu diesem Zweck ganz leicht verschobenen Deckel entledige.

Wie sinnvoll und richtig das alles ist, müssten andere Menschen auch erkennen: Das von mir ausgetüftelte System lässt eigentlich gar keine andere Möglichkeit offen, Dinge zu erledigen – wenn man nur einmal gründlich darüber nachdenkt.

Während ich in der Küche stehe, Klein-Mäxchens Morgen-milch auf dem Herd erwärme und gründlich über all das nach-denke, höre ich im Kinderzimmer meinen Ehemann und unseren Sohnemann.

„Haalloo!! Wo ist denn der kleine Fuß? Daaa! Ich habe ihn schon gefunden, den kleinen Fuß. Kitzel, kitzel."

Der Junior freut sich, lacht. Ist gut gelaunt, wie schön! Ich bin auch gut gelaunt. Mein Ehemann ist gerade dabei, dem Junior die Windel zu wechseln. Als ich die warme Milch in Mäxchens Fla-sche fülle, kommen die beiden in die Küche.

Ich drehe mich um – und muss schlucken. Mein Ehemann hat den Kleinen auch angezogen. Das finde ich im Prinzip gut. Aller-dings scheint seine Auffassung von Mode eine deutlich andere zu sein als meine. Wie sieht denn das Kind aus! Kein frischer Body, sondern der von gestern. Das Superman-Shirt darüber ist ja süß, nur mittlerweile ein wenig zu klein, sodass der Bund des Pull-overs ständig nach oben rutscht – das Bäuchlein des Kleinen ist einfach zu rund für dieses Teil. Die Hose, na ja, die ist auch nicht mehr ganz frisch und die Strumpfhose, die am Hosenbund her-vorblickt, hätte es wirklich nicht mehr gebraucht, schließlich ist es bereits deutlich über null Grad draußen.

Hätte ich neben meinem Mann am Wickeltisch gestanden, hätte ich den dringenden Impuls unterdrücken müssen, ihn mit ungeduldiger Geste zur Seite zu schieben und zurechtzuweisen: „Lass mal, ich mach das schon."

Während ich mich wahrscheinlich gleichzeitig darüber auf-geregt hätte, dass ich alles selbst erledigen muss. Es ist paradox. Dieser kurze Impuls stört den Fortschritt. Er überkommt mich immer wieder – zum Beispiel auch, wenn mein Mann die Wäsche aufhängt. Alles hängt schief und krumm auf der Leine, den Anblick kann ich nicht ertragen.

Fakt ist aber: Wenn ich mir wünsche, dass mein Mann zu Hause hilft, dann muss ich akzeptieren, dass er die Dinge anders anpackt, als ich das tue. Und dass das nicht schlechter sein muss –

nur anders eben. Ich finde, das ist ein sehr weiser Gedanke. Und so wahr. Ja, gut, in der Umsetzung verlangt mir diese Haltung einiges ab.

„Hmm, Miiell", erklärt der Junior in seinem knappen Superman-Shirt. Er krabbelt auf seinen Hochstuhl, ich reiche ihm die Flasche.

„Selbst in aufgeklärten Kreisen
stellt sich immer wieder die Frage,
ob es überhaupt möglich sei, dass Frauen
mit kleinen Kindern einem Vollzeit-Job
in der Chefetage nachgehen.
Bei einem Mann stellt sich diese Frage nicht."

(Prof. Anita Riecher-Rössler)

„Gibt es auch einen Kaffee für mich?", fragt mein Mann.

„Ja natürlich", antworte ich. Bedacht, ganz locker zu klingen und mir auf keinen Fall anmerken zu lassen, dass ich am liebsten sofort meine Stirn in tiefe Falten legen möchte, wenn ich das Outfit meines Kindes betrachte. Aber ich nehme mir vor, meinen Mann in Sachen Kinder-Ankleiden nicht zu bevormunden und mich einfach zu freuen, dass er diese Aufgabe so selbstverständlich übernimmt.

„Sag mal, die Strumpfhose hätte es aber nicht mehr gebraucht, oder?"

Ups. Mist. Jetzt ist mir doch was rausgerutscht.

„Ist doch egal", antwortet mein Gatte und zieht die Augenbrauen zusammen. „Die lag halt da und abgesehen davon finde ich es noch recht frisch draußen."

„Na ja, stimmt, ist auch egal", murmele ich und stehe auf, um mich selbst fertig zu machen. Ich nehme mir fest vor, mich beim nächsten Mal zu zügeln und meinem Mann nicht reinzuquatschen, wenn er wie auch immer die Wäsche aufhängt oder den Kleinen ankleidet. Loslassen ist angesagt.

Eine Bekannte hat mir kürzlich erzählt, was nämlich passieren kann, wenn man sich dem Lass-mich-mal-Impuls hingibt. Das tat eine Freundin meiner Bekannten. Die junge Frau, die an ihrer Doktorarbeit in Medizin schrieb, als das erste Kind unterwegs war, wurde mehr und mehr zu Mutter und Hausfrau. Weil der Ehemann nun vermehrt arbeiten musste, um alle Mäuler zu stopfen. Und sich weiterbilden musste, um an die Zukunft zu denken – an die seiner Familie und an seine eigene. So hatte er kaum mehr Zeit, sich um die häuslichen Belange seiner Familie zu kümmern. Und seine Frau hatte kaum noch Zeit, um weiter an ihrer Doktorarbeit zu schreiben. Der Ehemann konnte folglich sein Können in Sachen Hausarbeit längst nicht so perfektionieren, wie sie Gelegenheit dazu hatte. Das führte so weit, dass sie meiner Bekannten gestand: „Du, ganz ehrlich. Ich will gar nicht, dass Günther zu Hause mithilft. Es geht viel schneller und besser, wenn ich alles selbst erledige. Wenn er versucht, mir zur Hand zu gehen, verkompliziert das die Dinge nur unnötig und er pfuscht mir in Sachen herein, von denen er ja doch nichts versteht."

So kann es auch laufen. Aber wie soll eine moderne Beziehung gelingen, wenn die Frau ihrem Mann nicht zutraut, die Waschmaschine zu bedienen? Alles beginnt im Kopf. Auch das Gefühl für Gleichberechtigung. Denn es ist eine Frage der Haltung.

„Mäxchen", rufe ich, mittlerweile selbst angekleidet. „Komm. Wir ziehen deine Jacke an. Es geht in den Kindergarten!"

Der Junior kommt auf mich zugelaufen – und wendet im letzten Moment. Quietscht dabei. Es ist ein ganz besonders lustiges Spiel, findet er, gegenzusteuern, wenn ich ihn fertig anziehen möchte. Ich atme tief durch.

„Komm, Maxi, wir haben es eilig!"

Das ist dem Kleinen egal, aber da habe ich ihn bereits erwischt. Unter Protest bugsiere ich ihn in seine Jacke, die gefütterte – denn die dicken Wolken draußen versprechen, dass der Tag noch kalt und grau wird. Und die wasserfesten Stiefel. So kann er raus, der Kleine. Genau so ist es richtig.

Er: Auch ich kann ein Kind anziehen

Es ist noch früh am Morgen, wir sind bereits wach. Ich mache Klein-Max auf seiner Wickelkommode fertig für den Tag. Meine Frau klappert in der Küche mit dem Geschirr, ich hoffe, sie kocht Kaffee. Ich werfe einen Blick aus dem Fenster. Dicke Wolken hängen am Himmel. Es ist grau. Der Tag verspricht kühl zu werden.

Ich schaue, ob noch Kleidungsstücke von gestern auf der Wickelkommode liegen. Ja, da haben wir etwas. Ich überprüfe, ob die Sachen noch sauber sind. Wenn das nämlich der Fall ist, ziehe ich dem Junior einfach wieder alles vom Vortag an. Das ist praktisch und unter hygienischen Aspekten unproblematisch. Schließlich sind frische Windeln so etwas wie frische Unterhosen.

Oh, was sehe ich da: Der Pullover ist schmutzig. Schade. Das bedeutet, dass ich etwas tiefer in die Materie einsteigen und ins Kommodensystem eintauchen muss. Obwohl ich schon hundert Mal die Schubladen der vermaledeiten Kommode geöffnet habe, muss ich immer wieder nachschauen, wo meine Frau was aufbewahrt. Dass ich mir das nicht merken kann, liegt daran, dass ich mir das System nicht selbst ausgedacht habe. Sondern es ist das Ergebnis der Überlegungen meiner Gattin. Aber gut, so kompliziert ist das Ganze auch wieder nicht, schließlich muss ich nicht die Anleitung zum Bau der Atombombe entschlüsseln.

Also, wie war das noch mal: Ganz oben in den grünen Körben sind Socken und Strumpfhosen. In den rechten zwei Schubladen befinden sich Bodys, Pullover, vielleicht auch Jeans – ich bin mir nicht mehr ganz sicher. In den linken Schubladen ist auch irgendetwas drin. Auf alle Fälle Handtücher und Zeug, was man nicht zum Anziehen benötigt. Oder waren da nicht die Pullis? Egal, es hilft nichts. Es gibt nur vier Möglichkeiten. Ich ziehe die rechte obere Schublade heraus, da sollte ich fündig werden. Fehlanzeige. Wo sind die Pullis? Es scheint sich hier um ein dynamisches System zu handeln, in dem nichts bleibt, wie es war. Oder es folgt einer höheren Logik, die sich mir nicht erschließt. Trial and Error. Ich schaue unten rechts nach. Ah, okay, da sind die Pullis – und die Hose. Na also. Geht doch.

> *„Junge Väter verpassen,*
> *wie schön die Zeit mit ihren*
> *kleinen Kindern sein kann."*
>
> (Prof. Anita Riecher-Rössler)

Ich finde es deshalb so angenehm, wenn meine Frau Kleidungsstücke oben auf der Kommode abgelegt hat, weil ich dann weiß, dass sie passen. Denn wenn ich Maxis Outfit zusammenstellen muss, ist das Blöde daran, dass ich seine Sachen nicht so gut kenne. Weil ich sie auch nicht einkaufe. Das macht meine Frau. Und sie ist so schnell, so schnell kann ich gar nicht schauen. Dabei legt sie einen Eifer an den Tag, der an Kaufsucht erinnert. Ständig steht der Zalando-Bote mit neuen Paketen vor der Tür.

In der geöffneten Schublade vor mir sehe ich den freudigen Reigen neuer Klamottenstücke, die ich erst alle auffalten muss, um herauszufinden, ob es sich um kurz- oder langärmelige Teile handelt. Zusätzlich muss ich schauen, ob die Teile zu dem passen, was der Kleine bereits trägt. Ich wühle so lange, bis ich auf etwas Vertrautes stoße. Zum Glück: Da ist er, der Superman-Pullover! Secondhand, langärmelig. Unverfänglich und unspießig. Den nehmen wir! Den Rest schnell wieder weg. Die Schublade zu, puh. Klein-Max strampelt mit den Beinen. Bisher hat er sich sowieso verdächtig ruhig verhalten. Misstrauisch inspiziere ich, was er getrieben hat: Es hat die Cremetube gepackt. Nach langem Fummeln hat er es geschafft, sie zu öffnen. Gerade macht er sich daran, mit aller Kraft zuzudrücken.

„Nein, mein Lieber, gib Papa mal die Tube."

„Neee!!", ertönt sein Protest.

Um ihn abzulenken, streife ich ihm schnell den Superman-Pullover über den Kopf. Jetzt noch die Hose.

„Haalloo!! Wo ist denn der kleine Fuß? Daaa! Ich habe ihn schon gefunden, den kleinen Fuß. Kitzel, kitzel."

Er lacht wieder. Zum Glück. Zufrieden, den Kleinen fertig angekleidet zu haben, gehe ich mit Max in die Küche zu meiner Frau. Es duftet nach frischem Kaffee. Ein Blick auf die Uhr: Habe ich noch Zeit? Ja, es sieht gut aus.

„Gibt es auch einen Kaffee für mich?", frage ich.

„Ja natürlich", antwortet sie.

Wir sitzen in der Küche, der Kleine ist mit seiner Milchflasche beschäftigt, wir mit unseren Kaffeebechern.

„Sag mal, die Strumpfhose hätte es aber nicht mehr gebraucht, oder?", fragt plötzlich meine Frau.

„Ist doch egal", antworte ich und ziehe die Augenbrauen zusammen. „Die lag halt da und abgesehen davon finde ich es noch recht frisch draußen."

„Na ja, stimmt, ist auch egal", antwortet sie.

Da war wieder einer – einer ihrer kleinen, unfeinen Seitenhiebe. Als wäre ich zu blöd, mein Kind anzuziehen! Bin ich gut gelaunt, reagiere ich, indem ich beim Inhalt bleibe: Braucht der Kleine eine Strumpfhose oder nicht? Das lässt sich ziemlich schnell besprechen. Denn bei diesen Temperaturen – es hat bestimmt kaum null Grad draußen – ist eine Strumpfhose durchaus vertretbar. Das Thema ist es nicht wert, diskutiert zu werden.

Hätte ich schlechte Laune gehabt, hätte ich heimlich für mich festgestellt, dass meine liebe Frau ein Problem hat. Einen Kontrollzwang. Man muss wissen: Bei uns daheim muss alles so aussehen, wie sie sich das vorstellt.

Vor allem in der Küche: die Salatschleuder, die Nudeln, die Schokolade. Die Schleuder zum Beispiel haben wir immer in einem der oberen Schränke aufbewahrt. Da stand sie gut. Plötzlich räumt meine Frau sie in eine Schublade unten links ein. Ich suche sie, finde sie nicht. Frage nach. Die habe jetzt einen neuen Platz, erhalte ich als Antwort. Punkt. Keine Diskussion.

Der Punkt ist, dass es sich in unserem Haushalt um ihre Ordnung handelt. Warum eigentlich? Ich sage ja auch nicht zu ihr, sie soll ihre Schuhe von jetzt an vor der Türe auszuziehen, weil mich alles andere stört. Mir ist das im Grunde total egal. Das heißt aber in der Konsequenz, dass ich mein Terrain aufgebe und mich füge. Seitdem muss ich ständig in Sorge leben, irgendetwas falsch zu machen. Objektiv betrachtet gibt es keinen Grund, warum die Nudeln links oder rechts im Regal stehen sollten, aber das versteht meine Frau nicht. Für sie gibt es durchaus Gründe. Ihre Gründe wohlgemerkt.

Es nervt mich, dass sie nicht mal lockerlassen kann. Auf der einen Seite soll ich helfen. Wenn ich helfe, ist es auch wieder nicht recht. Ja, was denn jetzt? Also frage ich ganz oft nach wie ein Depp, wie ich die Dinge ihrer Meinung nach erledigen soll. Denn offensichtlich führt Eigenverantwortung dazu, dass mir Fehler unterlaufen. Noch lieber wäre mir unter diesen Umständen, ich müsste überhaupt nicht helfen. Dann hätte ich meine Ruhe.

Allerdings muss ich ehrlich zu mir sein: Es ist verdammt uncool, wenn man in seiner eigenen Beziehung entmündigt wird. So ist es bei einem Kumpel von mir. Der sitzt auf dem Sofa und erklärt bei allem, was irgendwie das Thema Haushalt betrifft: „Damit habe ich nix zu tun, das macht meine Frau."

Mein Kumpel weiß noch nicht mal, wie man Kaffee kocht. Das finde ich anachronistisch, und selbst als Mann absolut unattraktiv.

Also bleibt mir nichts übrig, als mich in meinen eigenen vier Wänden zu erheben, mich auf die Barrikaden zu stellen. Schluss mit der Bevormundung! Ich muss handeln und nehme mir vor, bei nächster Gelegenheit mit meiner mir Angetrauten zu sprechen.

„Meine liebe Frau", werde ich dann zu ihr sagen. „Entweder du akzeptierst, dass ich die Dinge auf meine Weise erledige, oder du machst in Zukunft wieder alles selbst."

Ganz einfach, ich denke, das sollte ziehen. Schließlich – seien wir mal ehrlich – ist Hausarbeit lästig. Nerviger Scheiß. Aufräumen, Staubsaugen, Kloputzen. Wer hat schon Lust darauf? Ich jedenfalls nicht. Im Idealfall helfen selbstverständlich alle mit. Jeder nach seinen Möglichkeiten. Da ich aber nun mal viel arbeite, bleiben meine Möglichkeiten leider beschränkt – es ist ein Zeitproblem. Ich kann schließlich nicht alles machen. Das muss selbst meine Frau einsehen. Und sie weiß ja sowieso besser, wie man die Spülmaschine ausräumt, dem Staub zu Leibe rückt und die Wäsche faltet.

Das sagt die Expertin:

Psychiaterin Anita Riecher-Rössler rät:

Erkennen Sie Stereotype

Die Überzeugung, Frauen seien für Haushalt, Familie und die Pflege der Beziehung zuständig und Männer für das Finanzielle, ist bei beiden Geschlechtern tief verankert. Selbst, wenn man diese Haltung bewusst ablehnt, wirkt sie unbewusst.

Schaffen Sie sich verschiedene Betätigungsfelder

Wenn Frauen auch noch eine andere Sphäre haben, müssen sie sich nicht so sehr als Mutter und Hausfrau beweisen, um Anerkennung zu bekommen.

Machen Sie Ihrem Mann Platz

Manche Hausfrauen trauen Männern die Hausarbeit auch nicht zu, weil das ihr Bereich ist. Über diesen steigern sie unbewusst ihren Selbstwert.

Rollenstereotype entstehen aus der Erziehung

... und aus dem, was Eltern vorgelebt haben. Erledigt Papa den Haushalt, werden die Söhne das ebenfalls tun. Wenn nicht, ist es schwierig.

Vertrauen Sie

Nicht in die Fähigkeiten der Väter zu vertrauen, produziert Frust.

Lob hilft

Wollen Sie Verhalten ändern, funktioniert das nur mit positiver Verstärkung über Lob. Nörgeln und Vorwürfe bringen nichts.

Teilen Sie sich auf

Vereinbaren Sie Mama- und Papa-Zeiten. Dann steht man nicht die ganze Zeit daneben und beobachtet, wie der andere was macht.

Vereinbarungen schon vorher treffen

Sprechen Sie gut ab, wer welche Aufgaben übernimmt, bevor das Kind auf die Welt kommt. Teilen Sie Bereiche auf: Der eine kümmert sich um die Wäsche, die andere übernimmt den Einkauf.

Chancengleichheit von Männern fördern

Wenn ein Mann entdeckt hat, welche Lebensqualität eine enge Vater-Kind-Beziehung bringt, wird er sicher gern auf eine veränderte Arbeitsteilung einsteigen. Die Rollenklischees in den Köpfen der Frauen sind genauso hinderlich wie die in den Köpfen der Männer.

Den richtigen Beruf aussuchen

Frauen sollten eher keinen Job wählen, in dem Verdienst- und Aufstiegsmöglichkeiten gering sind.

Veränderung entsteht durch Tun

Wir brauchen neue Rollenvorbilder für geschlechterunabhängige Rollenvielfalt. Gelebtes Verhalten prägt deutlich mehr als gesprochene Erziehungsworte.

Gleichberechtigung macht froh

Frauen leiden weltweit etwa doppelt so häufig unter Depressionen wie Männer. Eine WHO-Studie in 15 Ländern ergab: In den Ländern, in denen sich die traditionellen Geschlechterrollen mehr aufgelöst hatten, sank die Zahl der Depressionen bei Frauen deutlich.

Gehen Sie gemeinsam das Projekt Zukunft an

Beide Partner sollten eine gute Eltern-Kind-Beziehung aufbauen und beide ihre Arbeitszeit zum Beispiel auf 70 bis 80 Prozent verringern.

Die Expertin

Professorin Anita Riecher-Rössler ist Chefärztin an den Universitären Psychiatrischen Kliniken in Basel. Zu den Forschungsschwerpunkten der Psychiaterin, Psychotherapeutin und Psychoanalytikerin gehören die Besonderheiten von psychischen Erkrankungen bei Frauen und psychische Erkrankungen in Schwangerschaft und Stillzeit.

6 Lifestyle Vollzeitmutti

Sie: *Mein Nachmittag auf dem Spielplatz*

Die Sonne scheint: Kaiserwetter. Also nichts wie ab auf den Spielplatz. Das liebt Klein-Max. Gleichaltrige und Gleichgesinnte unter freiem Himmel treffen, wo er nach Herzenslust Sandkuchen backen, sich um die begehrten Plastikbagger streiten oder eine Rutschpartie einlegen kann. Auch ich liebe es, mir die Sonne ins Gesicht scheinen zu lassen. Gern auch auf dem Spielplatz.

Nur das mit den Gleichgesinnten gestaltet sich bei mir etwas schwieriger als bei Max. Wenn ich mich nicht mit einer Freundin am Ort des Geschehens treffe, dann mache ich es mir allein auf einer der Bänke gemütlich, vorausgesetzt, es ist noch ein Plätzchen frei. Denn an sonnigen Tagen schwärmen die Mütter zu Hunderten auf die hübsch eingezäunten Kinder-Domizile unserer ordentlichen Großstadt aus. So auch an diesem Tag. Die Bänke sind gestopft voll mit Müttern, also quetsche ich mich nach einem kurzen „Ist da noch frei?" auf ein freies Plätzchen inmitten der bunten Schar.

Auf der gegenüberliegenden Seite des Spielplatzes befindet sich eine Eisdiele, wo es neben der ganzen Palette sommerlicher Getränke, Shakes und Eisvariationen auch Latte macchiato gibt. Vielleicht ist das der Grund, warum dieser Hort der Großstadt-Kindheit so hochfrequentiert ist und das Publikum genau so aussieht, als wäre es einem Spiegel-Online-Artikel über Latte-macchiato-Mütter entsprungen. Hier trinkt man Espresso mit viel heißer Milch (ich übrigens auch). Und man achtet auf sein Outfit:

Stylish soll es sein, modisch, ein bisschen retro, Karotten-Jeans, Hosen im Ballon-Schnitt oder Leggins, darüber Tuniken, an den Füßen Ballerinas von Buffalo oder Hummel-Turnschuhe. Auch die Kids sehen nicht aus, als würden sie im Secondhandshop eingekleidet. Ein gewisser Style zeichnet sich selbst in ihrem zarten Alter bereits ab: Belly-Button, Moonkids, Mini-Boden, Nutcase. Und jede Menge Rosa. Man tut, was man kann. Es ist eine Frage des Preises.

Klein-Max ist längst über sämtliche Klettergerüste entschwunden. Gerade erklimmt er die Treppe zu einem Holzhäuschen. Er liebt kleine Häuser. Schon reckt er seinen Kopf aus dem Fenster seines neuen Heims und ruft: „Haallo! Haaaallooo!"

Ein anderer kleiner Junge stellt sich neben ihn, schaut auch aus dem Fenster, Mäxchen lacht, freut sich.

Während ich meinen Kleinen beobachte, gesellt sich eine Frau – wie ich etwa Anfang 30, mit blonder Kurzhaarfrisur, Leggins, Tunika – zu der, die bereits auf der Bank sitzt. Die beiden unterhalten sich. Nein, ich möchte nicht lauschen, aber verdammt, die sitzen ja gleich neben mir, was soll ich also sonst tun als zuzuhören?!

„Ach, schon gleich fünf", seufzt die neu Dazugekommene.

„Ja, wirklich", erwidert die andere (mit braunen langen Haaren, Tanktop, Röhrenjeans und Römersandalen).

„Da muss ich sehen, dass ich bald aufbreche. Bei mir zu Hause schaut es aus. Das reinste Chaos! Ich komme kaum dazu, die Wohnung auf Vordermann zu bringen, wenn Tim da ist. Er will die ganze Zeit spielen", erzählt die Blonde.

„Das kenne ich, man kommt nicht dazu, mal ordentlich zu putzen", nickt die Brünette zustimmend.

„Ja, heute muss ich ein bisschen was geschafft bekommen. Und dann muss ich kochen, weil Andreas um 19 Uhr heimkommt. Und, na ja, du kennst das ja: Männer. Das Abendessen sollte auf dem Tisch stehen, wenn er kommt – weil er dann hungrig ist und mit leerem Magen wenig Spaß versteht", erklärt die Blonde und wirft ihrer Bekannten einen Wir-zwei-wissen-wovon-wir-reden-Blick zu. Fehlt gerade noch, dass sie ihr zuzwinkert und all das schenkelklopfend weglacht. Humor ist eine brillante Charaktereigenschaft, das weiß jeder! Weil das alles auch gar nicht so ernst zu nehmen ist. So sind sie halt, die Männer, ja, ja. Wir bekochen sie freiwillig, wir wollen das so – weil das nun zu unseren Aufgaben gehört, jetzt, wo wir Kinder haben. Die Kinder wollten wir haben, dann müssen wir uns bitteschön auch nicht über die Konsequenzen beschweren.

> *„Frauen sind kein Machtfaktor,*
> *sie haben keine Lobby*
> *und zeigen öffentlich zu wenig Stärke.*
> *Oder glauben Sie im Ernst, wir hätten*
> *nicht längst genügend Krippenplätze,*
> *wenn Männer für die Kinderbetreuung*
> *zuständig wären?"*
> (Bascha Mika)

So klingt es vom Spielplatz im Jahr 2013, auf dem zu 90 Prozent Frauen sitzen und über die ersten tapsigen Schritte ihrer Nachkommen wachen. Gut 40 Jahre nach der zweiten Emanzipationswelle, über die wir heute zwar gern hinweggehen, ohne die es aber statt der noch deutlich ausbaufähigen rund 520 000 Krippenplätze womöglich überhaupt keine Einrichtungen dieser Art gäbe. Als hätten all die Damen einen Eva-Hermann-Intensivkurs besucht. So erzählt die Mutter von Noah der Mutter von Linus, welche Fortschritte Noah beim Essen erzielt hat. Und die Mutter von Linus erzählt, mit welchem Fleckenmittel sie vollgekotzte Bettwäsche wieder weiß kriegt oder wie sie der Karotten- und Grasflecken auf sonstigen Kleidungsstücken Herr wird.

Über all das kann man ja reden. Muss man auch, schließlich will niemand Kotzflecken auf seiner Bettwäsche. Aber auf dem Großstadt-Spielplatz im Jahr 2013 macht es den Anschein, als seien diese Dinge der Lebensinhalt, auf den frau immer gewartet hat. Als hätte es nie etwas anderes gegeben. Als hätten sie nie Träume gehabt: Träume von Freiheit, von einer aufregenden Zukunft, die Gewissheit in sich tragend, alles zu schaffen. Erreichen zu können, was man nur will.

„Es ist mir ein Rätsel, wie man sein Freiheitsrecht auf Selbstbestimmung freiwillig aufgeben kann. Es einzufordern gehört zum Menschsein."

(Bascha Mika)

Klein-Max ist aus dem Holzhaus geklettert und hat sich einem Bagger zugewandt. Sein Sonnenhut ist ihm fast vom Kopf gerutscht, also eile ich herbei, um das Teil wieder zurechtzurücken. Ich setze mich neben ihn auf eine kleine Mauer und schaue zu, wie er das Gefährt hingebungsvoll durch den Sand schiebt.

„Bwwww, bwuuuu", brummt er dazu.

Der Wind trägt einen weiteren Gesprächsfetzen an mein Ohr: „Du arbeitest wieder?", fragt eine Mutter in kobaltblauer Chino eine andere im geblümten Sommerkleid.

„Ja, ich bin sehr froh darüber. Ich kümmere mich in einem kleinen Büro um alles, was so anfällt. Nichts Besonderes", antwortet die Blümchenkleid-Trägerin.

„Teilzeit, oder?"

„Ja, genau, ein paar Stunden die Woche."

Der Lebenstraum mancher Frauen ist es vielleicht, Mutter zu werden und einen Haushalt zu führen. Wunderbar. Aber ich kann mir nicht vorstellen, dass alle Frauen auf dem Spielplatz diesen Traum hatten. Was ist mit den anderen? Ist es zu anstrengend, etwas an ihrer Situation zu ändern? Oder haben sie einfach erkannt, dass ihre Wahlmöglichkeiten begrenzt sind? Dass die vielbeschworene längst erreichte Gleichberechtigung eine Blase ist, weil der frischgebackene Papa nicht so gern Tag für Tag auf dem Spielplatz sitzt, außerdem noch putzt und kocht? Und weil der vormals noch so tolerant scheinende Chef doch lieber Mitarbeiter hat, die allzeit einsatzbereit sind und nicht um spätestens 16 Uhr Kinder von der Krippe abholen müssen? Und weil politische Maßnahmen wie das Betreuungsgeld vor allem konservative Lebensentwürfe unterstützen? Ist es unter diesen Umständen schlicht besser, Eva Hermanns neue Weiblichkeit anzunehmen?

„Frauen, erkennt, dass ihr gescheitert seid. Man kann nicht alles haben, Kind und Haushalt und Karriere", tönt es von der Geläuterten. Nee, natürlich nicht. Zumindest Frau nicht. Mann schon. Oder was?!

Aber es gibt einen Weg aus der Misere: Die Männer können helfen – daheim, am Herd, mit den Kindern. Nur dann haben Frauen mehr Zeit für ihre Jobs. Und Männer mehr Zeit für ihre Kinder. Und alle hätten mehr Stress, mehr Druck, aber auch mehr Selbstständigkeit. Keine Rechte ohne Pflichten. Gleichberechtigung beginnt im Kopf.

Die Blonde mit Kurzhaarfrisur packt zusammen. Sammelt Sandspielzeuge ein. Schaufel, Eimer, Eistüten. Schnappt ihren Tim, bugsiert ihn in den Buggy, lenkt das Gefährt durch den Spielplatz-Sand. Winkt der Braunhaarigen zu.

„Wir könnten doch nächste Woche einen Kaffee trinken gehen, ich schau mal in meinen Kalender, wann noch Zeit ist. Es ist Wahnsinn, aber es ist ständig was los", sagt sie und streicht sich eine blonde Haarsträhne aus dem Gesicht. Lächelt. Fast ein bisschen verlegen.

Jetzt muss sie sich aber beeilen, denke ich. Es ist bereits nach sechs – und um sieben sollte ja das Essen auf dem Tisch stehen. Auch ich muss mich auf den Heimweg machen. Und unterwegs noch schnell einkaufen.

Er: Achtung, Glucken-Alarm

Mütter auf Spielplätzen sind ganz schlimm. Ich weiß nicht, was mit diesen Frauen passiert, wenn sie zu Müttern werden und losziehen, um mit namentlich gebrandmarkten Schaufeln und Eimern Sandburgen zu bauen. Sie befremden mich. Denn sie verlieren alles, was sie vorher ausgemacht hat. Oder weswegen man sie vorher gesehen hätte. Denn als Mann betrachtet man eine Frau nun mal in erster Linie als Frau. Daran ändert sich auch nichts, wenn sie mit ihrem Kind zum Spielplatz geht.

Aber bei diesen Müttern verändert sich irgendetwas: Sie behüten Spielzeuge. Sie sorgen dafür, dass kein fremdes Kind es wagt, die Schaufel des eigenen Lieblings nur anzuschauen (ja, die gibt es wirklich). Sie schälen Bananen und verteilen Öko-Kekse in Tupperdosen.

Und sie reden auch noch fortwährend über all das: über die Spielzeuge, über die Kinder, wen sie wann und wie lange zum Hockeytraining gebracht haben oder wie sie mit den Kleinsten zum Babyschwimmen, Rückbildungskurs, in die Krabbelgruppe gegangen sind. Oder zu welch merkwürdigen Veranstaltungen im Mütter-Paralleluniversum unserer Gesellschaft es diese Frauen sonst noch treibt. All das ist so furchtbar wichtig, dass es einfach zu viel wird.

Vielleicht ist es einfach so, dass man ab dem Moment, in dem man Verantwortung übernehmen muss, automatisch ein bisschen Coolness einbüßt. Das gilt für Männer ebenso wie für Frauen: Plötzlich muss man den Kumpels sagen, dass man raus ist, weil das Kind ins Bett gebracht werden will. Und dass man danach nicht mehr auf ein Bier vorbeischaut, weil man morgen wieder in der Arbeit antreten muss – und das am besten ohne allzu tiefe Augenringe.

Bei manchen Damen äußert sich die abhandengekommene Coolness darin, dass sie zu diesen Übermüttern werden. Das lässt sich besonders gut auf dem Spielplatz beobachten. Stichwort

Öko-Kekse in Tupperdosen und Hockeyspielpläne, die nicht die eigenen sind.

Kommt man mit solchen Frauen ins Gespräch, fühlt man sich schnell wie ein Depp. Denn beim Thema Kinder, worum es auf dem Spielplatz in der Regel geht, ist schnell klar, wer den Hut aufhat. Schließlich spreche ich mit Müttern. Und die wissen vermutlich schon rein instinktiv, wann die Kleinen wie und wo ihr Geschäft erledigt haben, aus welchem Grund sie weinen oder schreien und in welchem Takt sie gehoppert werden wollen, damit sie sich beruhigen. Da kann Mann nicht mithalten.

> *„Die Rollenfalle schnappt zu,*
> *sobald Nachwuchs kommt."*
> (Bascha Mika)

Es gibt aber auch Frauen, die entspannt mit ihren Kindern umgehen. Die streng sind, wenn es notwendig ist – und liebevoll den Rest der Zeit. Nicht so sehr klammern. So, dass man sich eine Scheibe abschneiden könnte. Solche entspannten Mütter macht allerdings weniger die Tatsache attraktiv, dass sie gut mit ihren Kindern umgehen, sondern dass sie Persönlichkeit ausstrahlen und nicht nur Mutter sind. Denn Männer suchen Frauen für sich – und nicht Mütter für ihre Kinder. Das ist eine spielplatzunabhängige Angelegenheit.

Vielleicht ziehen sich manche Frauen so ausschließlich auf ihre Rolle als Mutter zurück, weil ihnen die Rolle als moderne Frau in unserer Männergesellschaft zu anstrengend ist. Denn der Anspruch an die perfekte Frau von heute ist unmöglich zu erfüllen – sie muss alles sein: Frau, Mutter, Liebhaberin, gebildete Gesprächspartnerin, die beim Geschäftsessen eine gute Figur macht, Hure und Heilige, Köchin, trotzdem selbstständig und selbstbewusst. Mit eigenem hübschen Köpfchen, dass sie auch zum Geldverdienen benutzt.

Als Vollblutmutter aber kann man sich diesem Druck ein wenig entziehen. Kein Mann wird ernsthaft reinreden. Es gibt einen Bereich, den die Frau ihr Eigen nennen kann. Also her damit – mit allem, was dazu gehört, mit Haut und Haaren.

Ein solches Leben bedeutet aber vor allem, dass die Frau zurücksteckt. Sie kümmert sich ums Kind, den Mann, den Haushalt. Da bleibt nicht mehr viel Zeit für sie selbst. Das kann dazu führen, dass sie sich verliert, gar nicht mehr weiß, was für sie persönlich gut ist. Solche Frauen hört man dann viel später häufig sagen: „Jetzt bin endlich ich dran, jetzt tue ich etwas nur für mich." Denn so lange die Kinder klein sind, ist es sicher eine interessante und vor allem ehrenwerte Sache, sie zu erziehen. Aber wenn sie groß sind – was dann? Jeder Mensch braucht eine Aufgabe, und das nicht nur für einige Jahre.

„Die Frauen haben Druck im Kessel. Viel Druck.
Und der muss irgendwann raus."

(Bascha Mika)

Vor Kurzem waren meine Gattin und ich auf einer Hochzeit. Wir wohnten in einem Hotel, wo am Empfang eine Nachricht auf uns wartete. Sie war adressiert an Doktor Robert Faust und Gemahlin.

Ohne eigene Identität ist alles nichts. Und nur im Dienst anderer zu stehen – das ist nicht supersexy. Kurzfristig ist es natürlich angenehm, wenn deine Frau ausschließlich die Kinder hütet, kocht, putzt, die Wäsche wäscht und den Müll runterträgt. Es wäre sehr bequem, wenn ich es mir abends auf der Couch gemütlich machen könnte und meine Frau würde sagen: Bleib liegen, ich hole dir, was immer du möchtest und erledige auch schnell noch den Abwasch.

Aber langfristig wird das zum Bumerang für eine Beziehung. Ganz einfach, weil es unattraktiv wird, wenn die eigene Frau in

Personalunion auch noch die Haushaltshilfe und das Kinder-
mädchen stellt. Ein Mann will eine eigenständige Person als
Partnerin, die ihr Ding macht, sich am Ende aber doch kümmert.
Wenigstens ein bisschen.

Das sagt die Expertin

Die Publizistin Bascha Mika rät:

Im Privaten besteht mehr Gestaltungsfreiheit

In der Arbeitswelt sind die Spielräume häufig begrenzt. Aber zu Hause
bestimmt eine Frau selbst: Keine Frau ist verpflichtet, den Haushalt
oder die Erziehungsarbeit allein zu machen. Frauen sollten auch im
Privaten etwas ändern. Sich zum Beispiel einen Mann suchen, der
bereit ist, sich um Haushalt und Kinder zu kümmern. Wenn man
einem Beuteschema folgt, das auf den Versorger ausgerichtet ist, muss
man sich nicht wundern.

Denken Sie den privaten und öffentlichen Bereich
im Zusammenhang

Alles beeinflusst sich gegenseitig. Dass die öffentlichen Strukturen
hierzulande mehr als mistig sind, ist bekannt: die gläserne Decke, ein
Lohnunterschied von 23 Prozent, die mangelnde Kinderbetreuung.
Da muss sich politisch viel tun. Und über den Kampf gegen strukturelle Rahmenbedingungen geraten das persönliche Verhalten und die
Eigenverantwortung der Frauen aus dem Blick – aber auch da müssen
wir ansetzen.

Frauen brauchen Mut

Es fehlt der Mut, sich gegen konservative Erwartungen und die typisch
weibliche Rolle zu wehren. Im öffentlichen Diskurs wird so getan, als sei
die Geschlechterfrage gelöst. Doch der bildet nur eine Oberflächen-
struktur ab. Darunter wirken die traditionellen Geschlechtermodelle

nach wie vor stark. Viele Frauen übersehen, dass sie sich einem über-
individuellen Muster unterordnen. Dass sie einer uralten Spur folgen. Wenn wir das erkennen, entsteht eine gesellschaftliche Kraft,
ein dringend benötigtes neues Bewusstsein – als Voraussetzung, um
etwas zu verändern.

Wer sich nicht am allgemein Üblichen orientiert, setzt sich hohem
Druck aus. Dieser Druck zur Konformität kommt auch aus dem persönlichen Umfeld: vom Liebsten, der eigenen Familie, der des Ehemanns, von Freundinnen.

Frauen sollten sich dem überhöhten Anspruch an die perfekte Frau verweigern

Sie können nicht gleichzeitig der traditionellen und der modernen
weiblichen Rolle gerecht werden und immer noch den Mann aus
allem raushalten, was mit der Betreuung der Kinder und des Haus-
halts zu tun hat.

Frauen müssen sich im Arbeitsleben geltenden Regeln anpassen

So lange sich nur wenige Frauen im Job durchsetzen, können sie die
Spielregeln nicht gestalten, sondern müssen sich anpassen. Das würde
sich ändern bei mindestens 30 Prozent Frauen in Chefsesseln. Heute
überleben Chefinnen leider häufig nur, wenn sie die besseren Männer sind.

Die Expertin

Bascha Mika ist Journalistin und Publizistin. In ihrem Buch
„Die Feigheit der Frauen" appelliert die Chefredakteurin der
Frankfurter Rundschau und ehemalige taz-Chefredakteurin an
Frauen, mutiger zu sein und Eigenverantwortung tatsächlich
ernst zu nehmen.

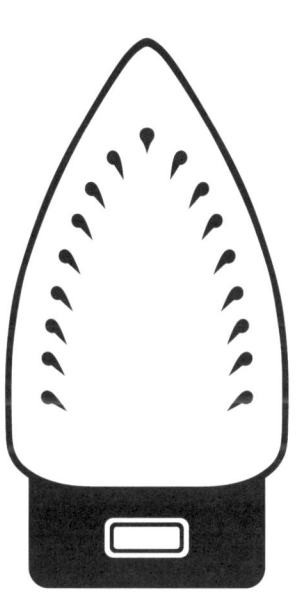

Unabhängig war gestern –
mein Mann zahlt

7 Oh, du schöne Arbeitswelt

Sie: *Öde Odyssee – auf Jobsuche*

„Vielen Dank für Ihre Bewerbung, aber leider müssen wir Ihnen mitteilen, dass ..." Nicht gerade aufmunternde Worte. Aber wohlbekannte. Vor einiger Zeit hat mir eine Bekannte erzählt, dass sie ein Dreivierteljahr lang auf Jobsuche war. Ich war schockiert und dachte: Na, das wird mir wohl hoffentlich nicht passieren. Ja, das dachte ich. Nun, ein Dreivierteljahr kommt hin. So lange suche ich jetzt etwa auch schon. Nur mit dem Unterschied, dass ich immer noch keinen Job in Aussicht habe. Ein paar offene Bewerbungen, ja, aber nichts Konkretes.

Woran liegt's? Jetzt kann man sagen, vielleicht bringe ich es einfach nicht, hab nix drauf. Keinen Biss. Oder was auch immer mir fehlt, um einen anständigen Job zu bekommen. Beziehungsweise: um überhaupt die Tür in diese Richtung zu öffnen.

Aber immer, wenn ich meine Bewerbungsunterlagen hervorkrame und aufs Neue begutachte, finde ich, dass meine Papiere gar nicht so schlecht sind. Ja klar, es gibt immer Bessere, aber es gibt auch immer Schlechtere. Warum also soll ich nicht auch einen Job finden? Auf ein Neues. No risk no fun, wer nicht wagt, der nicht gewinnt. Da steckt ja auch ein Fünkchen Wahrheit drin. Der nächste Schritt wird sein, dass ich mich zwinge, morgens meinem verschlafenen Spielegelbild zuzulachen und Selbstgespräche zu führen: „Guten Morgen, Diana. Du siehst super aus. Ach was: Du bist super! Wage dich an den Tag! Carpe diem. Mensch, mach was draus!"

Ich stecke also meine Bewerbungsunterlagen wieder einmal in einen großen braunen Umschlag – schließlich muss ich bei der Masse an Umschlägen, die ich brauche, auch an Mutter Natur denken –, unterschreibe das Anschreiben, lege es dem Rest bei, Klebestreifen anlecken, bäh.

Das haut schon rein. Wenn einfach nichts vorwärtsgeht. Wenn man sich bewirbt und bewirbt und immer wieder denselben Satz zu hören bekommt, wahlweise per E-Mail oder in einem Kuvert verpackt: „Vielen Dank für Ihre Bewerbung, aber leider müssen wir Ihnen mitteilen, dass ...“

Man braucht einen langen Atem auf der Suche nach einem neuen Job. Ich weiß.

Man darf keine Absage persönlich nehmen. Ich weiß.

Aber wie um Himmels willen soll das gelingen? Jede Absage fördert das Gefühl, dass einem besseren Bewerber der Vorzug gegeben wurde. Und wenn ein anderer besser war, dann war man selbst schlechter. Aus welchen Gründen auch immer. Der andere hat mehr Erfahrung. Der andere kam lockerer rüber, motivierter, sympathischer. Alles Spekulation. Am Ende ist es ziemlich einfach: Ein anderer hat den Stich gemacht.

Wenn man nun immer wieder diese Erfahrung macht, setzt sich irgendwann ganz automatisch, ganz beiläufig das Gefühl fest, man selbst könne so super nicht sein. Dann bleibt das Selbstbewusstsein auf der Strecke. Dumm nur, weil wenig Selbstbewusstsein die Chancen auf einen Job leider zusätzlich senkt. Ein Dilemma.

Dazu lauert noch ein anderer Gedanke in meinem Hinterkopf: Könnte es sein, dass ich auch Schwierigkeiten habe, einen Job zu finden, weil ich Mutter eines Kleinkindes bin? Es ist äußerst schwierig, einen solchen Zusammenhang zu beweisen.

„Ein anderer Kandidat war noch ein bisschen besser qualifiziert.“ Das lässt sich schwer widerlegen und alle Parteien wahren ihr Gesicht. Ist doch wunderbar. Dass es nämlich unattraktiv sein kann, eine Mutter einzustellen, spricht kein Chef aus. Dass höhere Lohnkosten auf den Brotgeber zukommen, weil die Mutti wahrscheinlich nicht Vollzeit arbeitet – und der Chef eine volle Stelle mit zwei Teilzeitkräften besetzen muss. Dieses kleine Organisationsproblem betrifft offensichtlich auch manche Frauen, die einen festen Job haben und nach der Babypause in genau diesem wieder arbeiten möchten. Die respektable Vollzeitjobs bekleideten, bevor sie etwas für unsere Renten getan haben. Und deren berufliche Fähigkeiten offensichtlich vor allem durch die Zahl der Stunden begründet waren, in denen sie ihr Wissen und ihre Erfahrung einbrachten. Eine Freundin arbeitete als Reiseverkehrskauffrau. Als ihr Sohn alt genug war und sie wieder einsteigen wollte, war das gar kein Problem. Ist schließlich gesetzlich geregelt. Wenn man mal von der Tatsache absieht, dass ihre neue Tätigkeit vor allem darin besteht, Akten zu sortieren und die Ablage zu erledigen. Begründung: Wenn sie wieder in ihre alte Position zurückwolle, müsse das Telefon den ganzen Tag lang besetzt sein. Und das ginge in ihrer Situation ja nicht, sorry! Dabei kann sie noch froh sein: Den Ablage-Job hätte sie nämlich wahrscheinlich erst gar nicht bekommen, wenn sie sich darauf neu beworben hätte. Begründung: überqualifiziert.

> *„Die Ehe ist auch juristisch*
> *keine Versorgungseinrichtung mehr –*
> *und für eine moderne Frau ist es*
> *kein Leitbild mehr, Hausfrau zu sein."*
>
> (Prof. Ute Gerhard)

Wichtig auch: Kann man sich auf eine junge Mutter verlassen? Gibt sie wirklich alles für den Job oder ist sie fortwährend in Gedanken bei ihrem Kind? Was, wenn der süße Nachwuchs mit Grippe im Bett liegt? Und: Wann schlägt ihre biologische Uhr wieder zu, sodass sie beschließt ein weiteres Kind in unsere schöne Welt zu setzen?

Das ist alles nachvollziehbar. Aber das darf doch kein Grund dafür sein, dass Mütter und überhaupt Frauen im gebärfähigen Alter auf dem Arbeitsmarkt schlechtere Chancen haben! Denn genau so ist es. Man muss das einfach mal aussprechen.

Die Antidiskriminierungsstelle des Bundes hat vor Kurzem ein Pilotprojekt gestartet, in dem sie genau das herausfinden wollte: Ob und wenn ja welche Gruppen von Menschen bei der Suche nach einem Arbeitsplatz benachteiligt werden. Fünf Unternehmen und drei öffentliche Arbeitgeber, unter anderem das Bundesfamilienministerium, nahmen an dem anonymen Bewerbungsverfahren ohne Angaben zu Geschlecht, Alter, Name teil.[2]

„Kinder bekommen bedeutet neben
dem Glück, sich Nachteile einzuhandeln."

(Prof. Ute Gerhard)

Ergebnis der Studie war, dass Frauen um die 30 und Mütter bessere Chancen hatten, wenn die persönlichen Angaben fehlten. Auch für Menschen mit ausländisch klingenden Namen und für die Alten unserer Gesellschaft verbesserte sich die Jobsituation. Schön! Auf Spiegel Online lief diese Geschichte übrigens unter der Rubrik „Minderheitendiskriminierung". Auch schön. Und kein Einzelfall: Giovanni di Lorenzo, Chefredakteur der ZEIT, wundert sich in einem Artikel,[3] in dem er sich für die Frauenquote ausspricht, über etwas Merkwürdiges: Dass in vielen Redaktionen, die von Berufs wegen Quell von Vielfalt, Energie und Neugierde sein sollten, der Anteil an Frauen, Migranten und Ostdeutschen gering sei. Aha.

---

2 http://www.antidiskriminierungsstelle.de/SharedDocs/Downloads/DE/publikationen/Abschlussbericht-anonymisierte-bewerbungsverfahren-20120417.pdf?__blob=publicationFile
3 http://www.zeit.de/2012/10/01-Frauenquote

Zum Glück gibt es diese Studie zu den anonymen Bewerbungen, die Klarheit schafft. Allerdings genießt bei diesem Thema die Kraft wissenschaftlicher Belege nicht ganz so viel Ansehen wie sonst. In einer Radio-Diskussionsrunde rühmte sich ein mittelständischer Unternehmer, wie offen und tolerant seine Firma sei. Er verstand die ganze Aufregung nicht. Frauen, Alte, Ausländer, Behinderte: Kommt alle rein! Ein mitdiskutierender Personaldienstleister war da etwas näher an der Realität. Er verriet: „Den meisten Kunden brauche ich die Unterlagen von Frauen mit Kindern gar nicht erst zur Auswahl vorlegen. Die fliegen sofort raus."

Na bitte. Geht doch. Nicht, dass ich mir so eine Antwort wünsche. Aber dass die Dinge beim Namen genannt werden, ist mir lieber, als dass ständig geleugnet wird, was unter der Oberfläche schwelt. Schließlich haben wir eine Frau als Bundeskanzlerin. Wenn das kein Zeichen für Gleichberechtigung ist!

Erzähle ich anderen Müttern von meinen Gedanken, bekomme ich eine Geschichte von Inga, Britta oder sonstwem erzählt, bei denen der Ehemann den Hausmann gibt und sie die dicke Kohle heimbringt. Darüber freue ich mich selbstverständlich! Aber Einzelfälle liefern keinen guten Überblick über die Gesamtsituation, weder positive noch negative. Konkrete Zahlen sagen mehr aus. Und die lauten: 60 Prozent der Mütter in Deutschland arbeiten, davon 70 Prozent in Teilzeit.[4] 52,1 Prozent der weiblichen Beschäftigten insgesamt sind in Teilzeit angestellt, bei den Männern sind es 17,6 Prozent.[5] Gerade mal vier Prozent der Vorstandspositionen in den 200 größten Unternehmen Deutschlands waren Ende 2012 von Frauen besetzt.[6] Im Schnitt verdienen Frauen 23 Prozent weniger als Männer. Mit all dem liegt Deutschland im Europa-Vergleich ganz hinten.

---

4 Frau.tv, Gute Mütter arbeiten, 19. Januar 2012

5 Institut für Arbeitsmarkt und Berufsforschung 2010

6 Wochenbericht des DIW Berlin Nr. 3/2011, Deutsches Institut für Wirtschaftsforschung

So schaut's aus. Immer wieder diskutierte Fragen von Schuld und Zuständigkeiten sind dabei unwichtig. Sie lenken nur ab. Wichtig ist, dass sich etwas ändert. Also: Her mit der Quote und flexiblen Arbeitszeiten, her mit dem Krippenausbau. Hütet euch vor der Herdprämie. Und, Frauen, verhandelt gleichen Lohn für gleiche Arbeit.

> *„Eine meiner Töchter wurde kürzlich*
> *zur Professorin berufen.*
> *Lediglich zwei der 23 Neuberufenen*
> *an ihrer Universität waren Frauen."*
>
> (Prof. Ute Gerhard)

Er: Halbtags gewinnt man keinen Blumentopf

Als ich in meinem Job begann, mich auch um Personalfragen zu kümmern, war mir egal, ob eine Frau auch Mutter war oder nicht. Für mich zählte die Qualifikation. Eine der ersten von mir eingestellten Mitarbeiterinnen war schwanger. Aber ich war fachlich von ihr überzeugt und sie hat gleich gesagt, dass sie zeitnah voll wieder einsteigt. So nahm ich in Kauf, während ihres Mutterschutzes ohne sie auszukommen.

Mittlerweile sehe ich das Thema etwas anders. Mütter im Job haben viele gute Seiten. Aber es ist auch nicht so einfach, mal eben flexible Arbeitszeiten einzuführen und das ganze System im Vorbeigehen umzukrempeln. Zumal sich die Situation im Job nicht zwangsweise für alle verbessert, wenn sich für Mütter und Frauen um die 30 was ändert. Betrachtet man den Status quo, bringen Mütter dem Unternehmen auch Nachteile. Ja.

Dennoch: Mütter sind sehr effizient und hochmotiviert. Sie gehören nicht zu denen, die einen Job machen, weil sie nicht wissen, was sie sonst mit ihrer Zeit anstellen sollen. In der Firma, in der ich tätig bin, arbeiten vor allem Mütter, die nicht zwingend darauf angewiesen sind, ein zusätzliches Einkommen zu verdienen. Sondern sie haben Lust, etwas zu tun, sie wollen teilhaben. Deshalb sind sie auch gut: Sie halten sich nicht mit Geratsche und Kaffeeklatsch auf, fragen sich nicht, wann wieder Zeit zum Mittagessen ist oder was der Speiseplan der Kantine diese Woche zu bieten hat. Die kommen rein und haben einen harten Anschlag. Erledigen bis zwei, drei Uhr konzentriert ihren Job. Dann gehen sie. Alles, was sie bis dahin nicht geschafft haben, bleibt liegen. Das wissen sie. Mal länger bleiben, wie es ein anderer Mitarbeiter hin und wieder tut, ist bei ihnen nicht drin. Denn das Kind will vom Kindergarten abgeholt werden.

Teilzeitstellen – die vor allem Mütter ausfüllen – schreibe ich trotzdem nicht aus. Denn mit Teilzeitarbeit kauft man Nachteile ein. Unsere Teilzeitstellen entstehen durch die Frauen, die vorher Vollzeit gearbeitet haben und dann mit Kind später wieder in Teilzeit einsteigen. Dafür setzt sich mein Arbeitgeber bewusst ein. Bei uns gibt es auch Männer, die in Teilzeit arbeiten. Ich kenne einen. Der macht nebenher eigene Projekte, hat also eine andere Motivation als eine Mutter. Wenn es um Familie geht, nehmen Männer ihre zwei bis drei Monate Elternzeit – das war es dann aber auch. Es gibt bei uns keinen Vater, der der Familie wegen in Teilzeit arbeitet.

Welche Nachteile kauft man ein? Wenn sich zwei Mitarbeiterinnen eine Stelle teilen, ist ein Problem die Übergabe. Die findet einmal pro Woche statt. Das kostet Zeit. Und jedes Mal gehen Informationen verloren. Noch wichtiger: Da Mütter meist um zwei oder drei Uhr gehen müssen, fehlt die Nachmittagsbesetzung. Deshalb kann man eine Vollzeitstelle faktisch nicht teilen. Mütter in Teilzeit bearbeiten also einfach fünfzig Prozent der Projekte, die ein Vollzeitangestellter auf dem Tisch hätte.

In der Hälfte der Zeit ist aber mancher Job nicht zu bewältigen: Ich bin bei einem Automobilhersteller im Marketing tätig. Das ist kein Sachbearbeiterjob mit klar vorgegebenen Prozessen, die man nach Schema F abarbeiten kann. Es ist auch nicht wie im Callcenter, wo es egal ist, wer einen Anruf entgegennimmt. Die Jobs, die ich vergebe, sind anspruchsvolle Referententätigkeiten: Bei uns geht es stark um projektbezogene Arbeit. Um Schnittstellenmanagement. Vorgaben der Geschäftsleitung ändern sich wöchentlich bis monatlich. Strategische Ansichten von Abteilungsleitern ändern sich alle zwei Wochen. Je nachdem, woher der Wind gerade weht.

> *„Per Saldo ist der*
> *materielle Nutzen*
> *der Erwerbstätigkeit*
> *vieler Frauen gering."*
> (Prof. Ute Gerhard)

Für jemanden, der nicht ständig alle Meetings und sonstige Informationsflüsse mitbekommt, ist es schwierig mitzuhalten. Denn es gibt zu viele Insiderinfos, Sätze, die mal so nebenbei fallen, Stimmungsbilder, die auch wichtig sind, um Dinge einzuschätzen. Aber nicht nur Informationen bleiben auf der Strecke, beim Teilzeitmodell geht auch ein Stück Flexibilität verloren. Schnell mal etwas über den Haufen werfen und alles anders machen. Auf den Markt unmittelbar reagieren. Wenn's nötig ist, abends eine Pizza bestellen und bis 23 Uhr bleiben, um eine plötzlich neue Deadline einzuhalten. Das ist für unseren Erfolg maßgeblich. Ob ich gut finde, dass das so ist, steht auf einem ganz anderen Blatt.

Wenn Mütter aber um zwei Uhr gehen, können sie nicht mehr reagieren, wenn etwas Dringendes auf den Tisch kommt. Das heißt: Ich muss es selbst machen – oder meine Vollzeitmitarbeiter müssen die Themen auffangen – auch unfair.

Deshalb will ich nicht zu viele Mütter in Teilzeit einstellen. Selbst die damals schwangere Vollzeitmitarbeiterin sagt, sie habe keine Lust auf noch eine Teilzeitmutti in ihrem Team. Das finde ich schon krass. Traurig, aber wahr.

> *„Unsere jetzige Form der Arbeitsteilung*
> *zwischen Männern und Frauen*
> *ist dringend reformbedürftig."*
> (Prof. Ute Gerhard)

Für Mütter bedeutet das: keine Karrierechancen in Teilzeit. Zu unflexibel. Zu wenig präsent. Zu wenig belastbar. Wenn du Karriere machen willst, kannst du nicht um zwei Uhr gehen.

Ob flexiblere Arbeitszeiten und Karrieren in Teilzeit auch in Deutschland möglich sein können? Wahrscheinlich nicht, wenn sich nur die Rahmenbedingungen ändern. Denn in unserer Arbeitskultur würde das heißen, dass man plötzlich aufgezwungene Strukturen hätte, in denen Kreativität, Flexibilität, Dynamik und Anpassungsfähigkeit auf der Strecke bleiben: Die Erfolgsdynamik lässt sich nämlich nicht so schnell ändern.

Ich kann mir aber vorstellen, dass sich andere Modelle durchsetzen, so wie es in anderen Ländern längst der Fall ist. Tele-Working, Internet, Videokonferenzen, Skype: Wir haben die Technik für andere Modelle. Und wir haben Beispiele für andere Lösungen: In Skandinavien zum Beispiel gibt es von vier bis acht Uhr keine Meetings. Ab acht Uhr abends kann man dann wieder Telekonferenzen im Homeoffice ansetzen.

Gerade Deutschland mit seinem Fachkräftemangel kann es sich auf Dauer gar nicht leisten, die weiblichen Arbeitskräfte als Ressource zu verschwenden. Es gibt viele gut ausgebildete

Frauen – deren Ausbildung den Staat auch viel gekostet hat. Das ist keine ideologische, sondern eine volkswirtschaftliche Betrachtung. Ich fände es gut, wenn Frauen besser integriert wären. Denn am Ende geht es darum, wer den Job am besten macht.

Die dafür nötige Veränderung muss aber aus den Firmen selbst kommen. Mit neuen Rahmenbedingungen allein kann man so einen umfassenden Strukturwandel nicht umsetzen. Die Manager von heute mit ihren 50, 60 Jahren handeln oft nicht besonders fortschrittlich. Es gibt zu wenige Frauen in Führungspositionen. Sie können Neues nur schlecht voranbringen, weil sie das Spiel ihrer Kollegen mitspielen müssen, um zu bestehen. Es braucht aufgeklärte, liberale Chefs und Chefinnen.

Im Spiegel habe ich kürzlich in einem Artikel gelesen,[7] dass es nicht machbar sei, Politiker und Papa zu sein – leider. Irgendwie zynisch: Diejenigen, die die Rahmenbedingungen machen, leben vor, dass beides nicht geht. Zumindest nicht, wenn man seinen Kindern ein guter Vater sein will. Schlechte Vorbilder.

Manche Jobs sind nun mal mehr als ein Job. Sie sind Berufung und fressen dich mit Haut und Haaren. Dann braucht man jemanden im Hintergrund – für die Kinder.

Das sagt die Expertin

Ute Gerhard, emeritierte Professorin für Soziologie mit dem Schwerpunkt Geschlechterforschung, rät:

Raus aus der Isolation

Frauen ändern häufig nichts an den Gegebenheiten, weil sie glauben, sie befänden sich in einer vereinzelten, individuellen Situation.

---

7 http://www.spiegel.de/spiegel/print/d-85157567.html

Wir brauchen mehr Solidarität

Das Problem ist unser Zeitgeist: Aus neoliberaler Sicht ist, wer nichts leistet, selbst schuld. Der Begriff Solidarität wird als altmodisch empfunden und passt nicht zum heutigen Leistungsträger.

Oft hört man: „Jeder ist seines Glückes Schmied" – diese Auffassung entlarvt einen Mangel an Mitgefühl und politischer Fantasie. Nur, wenn jeder versteht, dass es nicht nur um ihn selbst, sondern auch um andere geht, die nicht zurechtkommen oder Not leiden, kommen wir weiter.

Wir brauchen neue Lösungen in der Politik

Unser sozialpolitisches System ist nicht darauf ausgerichtet, dass Frauen arbeiten. Stichwort Ehegattensplitting: Die Lohnsteuerklasse fünf, die überwiegend Frauen mit niedrigen Löhnen haben, bedeutet steuerliche Nachteile, während derjenige mit der Lohnsteuerklasse drei entlastet wird. Ebenso ist die Krankenversicherung auf den männlichen Familienernährer ausgerichtet: Arbeitet nur ein Partner, ist der andere beitragsfrei mitversichert, arbeiten beide, zahlt man doppelt.

Das neue Unterhaltsrecht zielt hingegen darauf, dass Frauen nach drei Jahren wieder für sich selbst sorgen. Aber das sozialpolitische System drängt Frauen nach wie vor in die Hausfrauenrolle.

Die Frauen bleiben die Dummen: Alleinerziehende tragen das höchste Risiko, in Armut abzurutschen. Sie haben schlechtere Teilhabechancen. Das ist ein Teufelskreis.

Die eigenen Probleme sind gesellschaftlich verursacht, das müssen Frauen erkennen. Dann kann das Private politisch werden, in politischem Protest und Forderungen münden. So fehlt der politische Druck der Betroffenen.

Wahre Gleichberechtigung für alle

Wenn auch Männer kürzer arbeiten würden, hätten wir eine komplett andere Situation. Es tut Männern nicht gut, immer verfügbar zu sein. Schauen sie sich die vielen Geschäftsmänner in den ICEs an. Glück sieht anders aus. Das Elterngeld wie in Skandinavien beispielsweise an die Bedingung zu knüpfen, sich die Elternzeit zu teilen, wäre ein Schritt in die richtige Richtung.

Wir sollten Männer, die für die Familie in Teilzeit arbeiten, viel mehr unterstützen und nicht als „Softies" abstempeln. Schließlich sind sie Pioniere einer neuen Lebensweise. Familienerfahrung ist ein Wert, den man ins Arbeitsleben einbringen sollte.

Die Tarifpolitik sollte typische Frauentätigkeiten höher einstufen. Warum werden Ingenieure so viel besser bezahlt als Altenpflegerinnen und Kindergärtnerinnen? Soziale Berufe werden in unserer Gesellschaft immer wichtiger, weil die Menschen länger leben. Unser Tarifsystem bedient noch die Produktionsinteressen des Industriezeitalters, obwohl wir heute in einer Dienstleistungsgesellschaft leben.

Die Expertin

Ute Gerhard ist emeritierte Professorin für Soziologie mit dem Schwerpunkt Geschlechterforschung. Von 1987 bis 2004 leitete sie den ersten Lehrstuhl Deutschlands für Geschlechter- und Frauenforschung an der Goethe-Universität in Frankfurt. Als Mutter von drei Töchtern lebte sie das seinerzeit propagierte Drei-Phasen-Modell – Studium, Hausfrauenleben, Karriere –, das sie jedoch für junge Frauen heute nicht für praktikabel oder nachahmenswert hält.

8 Dein, mein, unser Geld?

Sie: Mein Warenkorb gehört mir

Das wird jetzt keinen Leser vom Sofa hauen, aber ich liebe Schuhe. Ja, am liebsten würde ich sie alle kaufen: Turnschuhe, Sandalen, Pumps, Cowboystiefel … Auch, wenn ich sie gar nicht unbedingt alle trage, ich möchte sie haben – sie einfach besitzen. Und wählen können. Aber was erzähle ich. Dieses Phänomen ist allgemein bekannt, spätestens seit Barbara und Allan Pease. Eine meiner Freundinnen unterhält sogar ein eigenes Zimmer nur für ihre Schuhe. Ich finde das herrlich. Herrlich, abartig dekadent und absolut nachvollziehbar. Der Platz in unserer bescheidenen Bleibe reicht zwar nicht, um einen ganzen Raum für meine Flausen zur Verfügung zu stellen. Das verhindert aber nicht, dass ich diese weiter pflege.

In sehr regelmäßigen Abständen macht sich nämlich in meiner Brust das sehr dringende Gefühl breit, dass es wieder Zeit ist für neue Schuhe. Anlässe gibt es in einem Freundeskreis meiner Altersklasse zur Genüge. Man denke nur an die unzähligen Hochzeiten, bei denen Paar um Paar den heiligen Bund der Ehe eingeht und sich so ein Ticket ohne Umsteigen direkt in die 1950er-Jahre sichert. Zurückkatapultiert im High-Speed-Zug. Glücklicherweise unterstützt unser Staat diese Entwicklung mit Errungenschaften aus ebendieser Zeit wie dem Ehegattensplitting und der kostenlosen Krankenversicherung für Ehefrauen.

Aber gut: zurück zur Schuhproblematik. Man will schließlich bei solch einem bedeutungsschweren Anlass wie einer Hochzeit gut gekleidet sein. Und nicht nur da. Der Sommer kommt, also braucht es neue Sandalen und neue Ballerinas. Und direkt anschließend – das nenne ich das Schuhkauf-Phänomen im erweiterten Sinn – wird eine neue Shorts nötig sowie mindestens ein Rock. Und den Bestand an Shirts aus der letzten Saison könnte man ebenfalls auffrischen. Schon sind wir mittendrin im Shopping-Strudel. Dazu kommt, dass die Möglichkeiten, sich um diese Dinge zu kümmern, in Zeiten des Internets enorm gewachsen sind. Keine Ladenöffnungszeiten zwingen mich mehr dazu, mein Shopping-Erlebnis um 20 Uhr oder gar schon um 18 Uhr zu beenden. Ich kann einkaufen bis spät in die Nacht. Rund um die Uhr. Klick, klick.

> *„Politische Maßnahmen*
> *wie das Ehegattensplitting*
> *fördern die Hausfrauenehe und*
> *die soziale Verantwortung der Ehemänner*
> *ihren Frauen gegenüber.*
> *Es müsste abgeschafft werden."*
> (Prof. Sigrid Metz-Göckel)

Dazu kommt, dass ich jetzt, wo ich Mutter bin, vor allem abends mehr Zeit zur Verfügung habe. Und die will genutzt werden. Wenn mich die Leere wieder in ihrer vollen Gnadenlosigkeit packt, greife ich zum Laptop, äh, zum MacBook Pro selbstverständlich, suche Artikel, vergleiche Preise, suche noch mehr Artikel, fülle Warenkörbe. Hosen, T-Shirts, Schuhe, für mich, für Klein-Max, manchmal auch für meinen Gatten, ganz egal.

Erreicht mein Gatte abends den heimatlichen Hafen, kommt es also häufiger vor, dass nicht nur ich, seine liebende Ehefrau, und Klein-Max ihn empfangen. Auch diverse Pakete zieren zusätzlich unseren Flur.

„Schon wieder neue Schuhe?", fragt mich mein Mann halb amüsiert, halb verärgert.

„Meine alten Flip-Flops sind total hinüber. Außerdem habe ich das Porto gespart. Ich brauchte doch eine neue Handy-Hülle. Da haben 20 Cent gefehlt, damit sie das Paket umsonst liefern. Und weil es auf dieser Seite auch nette Schuhe gab ..."

Ich rechtfertige mich. Gleichzeitig fühle ich mich wie im falschen Film, dass ich mich überhaupt genötigt fühle, mich zu erklären. Ich benehme mich wie eine Hausfrau in Reinform, schließlich gebe ich auch das Geld meines Mannes aus. Für Flausen. Das zehnte Paar Schuhe. Ob das wirklich nötig war? Schlimmer noch: Bin ich nicht in der Lage, vernünftig zu wirtschaften? Denkt das mein Mann? Ich ärgere mich. Über meinen Mann und sein möglicherweise fehlende Vertrauen in mich – glaubt er denn, ich kann nicht beurteilen, was angeschafft werden muss und was nicht? Über mich selbst ärgere ich mich noch viel mehr: weil ich mich für mein Verhalten rechtfertige. Anstatt sein Vertrauen in meine Urteilsfähigkeit vorauszusetzen und zu erwarten. Und diesem Ruf selbstverständlich gerecht zu werden.

„Männer haben die Spielregeln
ohne Frauen ausgehandelt –
und das tun sie auch heute noch."
(Prof. Sigrid Metz-Göckel)

Die Situation ist skurril. Als ich noch mein eigenes Geld verdient habe, musste ich niemandem Rechenschaft darüber ablegen, was ich mit meinem Gehalt anstellte. Was ich kaufe und was nicht. Wir teilten uns die Kosten für unser gemeinsames Leben, der Rest war Privatsache. Seine und meine.

Jetzt hat sich die Situation geändert: Ich bin zurzeit von meinem Mann finanziell abhängig. Das ist ein verdammt merkwürdiges Gefühl. Bei uns verstärkt sich der Gruß aus den 1950er-Jahren insofern, als dass ich wirklich so eine Art Haushaltsgeld von ihm bekomme. Ach, wem will ich was vormachen: Ich bekomme Haushaltsgeld. Von diesem Geld bestreite ich unser Familienleben: Lebensmittel, Drogerieartikel, Kleidung, Schuhe, Strafzettel, alles, was an kleinen und großen Ausgaben im Alltag anfällt.

Früher hat es meinen Mann nicht sonderlich interessiert, was ich von meinem Geld angeschafft habe. Er hat höchstens gelächelt über meine akribischen und ausdauernden Kaufgewohnheiten. So wie man über einen schrulligen Zug des Partners schmunzelt. Jetzt schaut mein Mann genauer hin, wenn wieder ein Paket geliefert wird.

> *„Shoppen ist nichts,*
> *was wirklich reich macht."*
> (Prof. Sigrid Metz-Göckel)

Es ist nicht so, als würde er mir meinen Spaß grundsätzlich missgönnen, aber es ist auch nicht so, dass er sein Einkommen uneingeschränkt als unseres betrachtet. Mein Mann unterhält ein eigenes Konto und überweist davon einen Teil auf ein gemeinsames Konto. Das bedeutet, dass er die Hoheit über die Finanzen behält. Und wer bezahlt, schafft an. Geld erzeugt Machtansprüche. Auch wenn diese Wahrheit ungern ausgesprochen wird: Sie lässt sich nicht weglächeln.

Ich kann es meinem Gatten noch nicht einmal verübeln, dass er es merkwürdig findet, wenn ständig neue Kleidungsstücke bei uns Einzug halten. Wo er den ganzen Tag ackert. Und ich nichts Besseres zu tun habe, als sein schwer verdientes Geld direkt wieder auszugeben ... Aber soll ich mir keine neuen Klamotten mehr kaufen, weil ich ein Kind bekommen habe? Das wäre zumindest der beste Beweis dafür, dass sich das Leben einer Frau deutlich mehr ändert als das eines Mannes, wenn sich ein Paar für ein Kind entscheidet. Es sei denn, der Ehemann beschränkt sich ebenfalls in seinem Kleiderkonsum. Das wäre dann wieder hinnehmbar. Denn ein Kind zu bekommen, das bedeutet nun mal Veränderung. So weit die Veränderungen für beide gelten und nicht auf den Schultern der einen lasten, ist das ja auch wunderbar.

Wenn jemand gern finanziell abhängig ist, bitteschön. Ich persönlich verstehe nicht, wie man so wenig Eigenverantwortung übernehmen kann. Schließlich liegt die Scheidungsquote in Deutschland in den letzten Jahren zuverlässig zwischen 45 und 49 Prozent.[8] Das heißt nicht, dass ich irgendjemandem eine Scheidung wünsche, das heißt aber, dass dieses Szenario durchaus einen selbst treffen kann. Wie ein Blitzschlag selbstverständlich. Doch immerhin einer mit fast 50-prozentiger Wahrscheinlichkeit.

Und was ist dann? Denn seit 2008 betont in Deutschland geltendes Recht vor allem die Eigenverantwortung der Geschiedenen, für ihren Lebensunterhalt selbst aufzukommen. Die damalige Bundesjustizministerin Brigitte Zypries erklärte das so: „Einmal Zahnarztgattin, immer Zahnarztgattin. Das gilt nicht mehr.“[9]

Es ist halt so: Freiheit bedeutet Verantwortung. Rechte und Pflichten. Man kann sich gegen Pflichten entscheiden. Damit gibt man aber auch Freiheit auf. Ob man will oder nicht. Das sollte man sich zumindest klar gemacht haben. Und noch besser: Frauen sollten ihre Konsequenzen daraus ziehen und um Himmels willen alles dransetzen, ihre finanzielle Unabhängigkeit nicht aufzugeben.

Ihr Schuhe, wartet nur, ich komme wieder!

---

8 http://de.statista.com/statistik/daten/studie/76211/umfrage/scheidungsquote-von-1960-bis-2008/

9 http://www.welt.de/fernsehen/article1331827/Harmonie-Tralala-mit-adeligem-Scheidungsopfer.html

Er: Schon wieder neue Schuhe?!

Ich sperre die Wohnungstür auf. Normalerweise nehme ich nicht alle Details meiner Umgebung wahr, aber in diesem Fall springt mir eine Sache ins Auge: In unserem Flur thronen mehrere Pakete. Ein kleines längliches, ein großes und ein Allerweltspaket, was seine Größe betrifft. Noch hege ich die Hoffnung, dass die alle für unsere Nachbarin sind. Sie ist selten zu Hause, deshalb nimmt meine Frau öfter mal Pakete für sie an. Aber eigentlich weiß ich, dass meine Frau mal wieder ausführlich Warenkörbe gefüllt hat.

„Schon wieder neue Schuhe?", frage ich meine Gattin.

„Wozu braucht man so viele Schuhe?", frage ich gleichzeitig mich selbst. Ich kaufe auch nicht alle zwei Wochen neue Treter. Gut, ich wusste, wen ich heirate, denn einen Schuhtick hatte meine Gattin schon immer. Und weil man heutzutage sogar auf Knopfdruck schreien kann vor Glück, hat sich dieser Tick noch verstärkt. Leider macht meine Frau ganz selten von den fantastischen Rückgabemöglichkeiten Gebrauch: der Errungenschaft des Fernmeldeabsatzgesetzes, das es erlaubt, zwei Wochen lang alles zurückzuschicken, ohne Gründe anzugeben. Das könnte man nutzen, finde ich.

Mich befremdet die Frequenz, in der sie neue Teile anschleppt. Ob es sich dann um hässlichen Schrott handelt oder auch mal um ein cooles Teil, ändert daran nicht viel.

Seit Neuestem beginnt meine Frau sich zu rechtfertigen, wenn sie wieder exzessiv den „Bezahlen"-Button gedrückt hat. Beim letzten Mal erklärte sie mir: „Meine alten Flip-Flops sind total hinüber. Außerdem habe ich das Porto gespart. Ich brauchte doch eine neue Handy-Hülle. Da haben 20 Cent gefehlt, damit sie das Paket umsonst liefern. Und weil es auf dieser Seite auch nette Schuhe gab ..."

Aha. Ich finde es lustig, wenn sie sich rechtfertigt. Dann lacht sie so, also ob sie eigentlich weiß, dass der Kauf Blödsinn war, sie aber trotzdem Lust drauf hatte und es sich nicht verkneifen konnte. Sie versucht, ihre kleine Schwäche runterzuspielen. In solchen Momenten kommt sie mir ein bisschen so vor wie ein Kind, das sich seinen Eltern gegenüber rausreden will, weil es einen Lolli geklaut hat. Auch wenn das jetzt politisch unkorrekt ist: Ich finde das süß.

Lustig ist ja auch, dass sie vieles von dem Zeug gar nicht trägt. Das erhöht die Kosten pro Tragen pro Schuh. Ich behaupte, dass ich bei meinen Schuhen einen besseren Quotienten habe. Sie trägt manche Schuhe gerade zweimal in deren Schuhleben – was für eine Verschwendung!

Wenn wir schon bei den Kosten sind: Ich sehe es nicht so, dass sie ihre Schuhe von meinem Geld bezahlt. Ich bin zwar zurzeit bei uns der Alleinverdiener. Trotzdem betrachte ich das Geld, das ich heimbringe, als unser gemeinsames Geld. Ich habe es immer als gegeben betrachtet, dass ich alles zahle, wenn wir mal ein Kind haben. Deshalb mache ich mir darüber nicht viele Gedanken. Mich stört daran nur eine Sache: Weil es sich um unser gemeinsames Geld handelt, finde ich, dass man sich gemeinsam die Frage stellen kann, was sinnvoll ist anzuschaffen und was nicht. Was ist notwendig, was unnötig. Schließlich handelt es sich bei unserem Geld um einen Posten, der nicht unbegrenzt zur Verfügung steht.

Ich behaupte: Es ist unnötig, dass sie das alles anschleppt. Ich zum Beispiel kaufe nur Klamotten, wenn es notwendig ist. Wenn ich nur eine einzige Hose besitze, brauche ich eine zweite. Mir persönlich wäre das sogar egal, aber in der Arbeit kann ich schlecht jeden Tag mit derselben Hose ankommen. Das ist in meinen Augen etwas anderes, als wenn ich fünf Hosen habe und noch die sechste kaufe.

Dass ich bei uns das Geld verdiene, sei Ausdruck eines Machtgefälles, sagt meine Frau. Was sie dabei aber ausblendet, ist die Verantwortung, die damit verbunden ist. Was eine Frau, die gleichberechtigt sein will, gern vergisst: Ein Mann muss auch in der Lage sein, seine Familie zu ernähren. Das wird ganz selbstverständlich von ihm erwartet. Denn Fakt ist: Wenn ich die Kohle nicht heimbringen würde, hätten wir kein Geld und könnten unsere Rechnungen nicht bezahlen. Auch nicht die für das Paar Schuhe Nummer zehn. Das belastet.

> *„Frauen werden weiterhin*
> *auf ihre Rechte pochen.*
> *In Zeiten labiler Beziehungen ist es*
> *einfach ökonomisches Kalkül.*
> *Liebe macht nicht ein Leben lang blind."*
>
> (Prof. Sigrid Metz-Göckel)

Ja, okay: Meinen Job mache ich sowieso – auch ohne Familie im Hintergrund, die ernährt werden will. Aber bevor es meine Familie gab, war ich nur für mich allein verantwortlich. Das bedeutet: Wenn ich die von mir geforderte Leistung irgendwann nicht mehr hätte bringen können, dann hätte das früher eben nur für mich Folgen gehabt. Jetzt aber hätte ein solcher Ausfall Konsequenzen für zwei weitere Menschen.

Auch ich fände es schön, wenn wir uns die finanzielle Verantwortung mehr teilen könnten, aber faktisch ist es nun mal nicht so. Es besteht ein Unterschied zwischen der idealen Welt und der Realität.

Und die Verantwortung reicht noch weiter. Sie gilt auch für die Zukunft: Altersvorsorge, die Ausbildung der Kinder, Unfälle. All das will berücksichtigt werden. Da sind wir wieder bei der Schuhproblematik: Was ist nötig – und was nicht?

Für mich ist die logische Konsequenz aus meiner Verantwortung, zu überlegen, wie wir Geld sparen können. Bei meiner Frau habe ich das Gefühl, das ihr hauptsächliches Anliegen ist, nicht diskriminiert zu werden. Sie denkt offensichtlich so: „Ich bin jetzt Mutter, weshalb ich derzeit nicht arbeite. Aber ich darf auf keinen Fall weniger Geld ausgeben als vorher."

Dabei ist die finanzielle Verantwortung für eine Familie nicht zu unterschätzen. Sie bedeutet Stress. Vielleicht hat das etwas mit der Individualisierung der Gesellschaft zu tun. Normalerweise kämpft jeder ausschließlich für sich. Aber plötzlich steht der Mann mit Frau und Kind da. Ein Bekannter von mir hatte einen Hörsturz, bevor sein Kind ein Jahr alt war. Sicher hatte er den nicht, weil alles so einfach war und er zu Hause den Macho hat raushängen lassen.

Früher war klar, dass der Mann für seine Familie zu sorgen hatte. Junge Männer wussten, welche Rolle sie einmal zu erfüllen hatten. Jetzt haben sich die Rollenbilder verändert: Wer nicht auch mal eine Windel wechselt, den Müll rausbringt oder den Kinderwagen schiebt, gilt als Macho par excellence, als unzivilisierter, Bier trinkender, ungehobelter Dümmling, der bei Fußballspielen grölt. Aber letztlich muss der Mann trotzdem sorgen. Daran kann man auch scheitern.

Die Dinge würden sich nur dann wirklich in Richtung Gleichberechtigung entwickeln, wenn beide Partner gleich viel verdienten. Denn sonst können es sich die meisten Paare schlicht nicht leisten, dass derjenige, der mehr verdient, plötzlich weniger arbeitet. Egal, ob Mann oder Frau. Und das ausgerechnet in dem Moment, in dem beide als Familie mehr Geld als vorher brauchen. Verwendet eine Familie einen Teil der Zeit des Besserverdieners für das Kind, ist das nun mal unwirtschaftlich. Das kann man drehen und wenden, wie man will.

Früher konnte es sich ein Mann nach seinem Job ohne schlechtes Gewissen auf der Couch bequem machen. Nicht, dass ich dieser Zeit hinterherweinen würde. Es wäre schon toll, die Verantwortung auf vier Schultern aufzuteilen. Dann könnte ich wieder ungezwungener die Füße hochlegen. Und vielleicht sogar ein Bier trinken. Prost.

Das sagt die Expertin

Die Soziologin Sigrid Metz-Göckel rät:

Fordern Sie die Hälfte seines Gehalts

Wenn die Frau nicht mehr berufstätig ist und auch kein Geld mehr verdient, gerät sie ihrem Mann gegenüber in eine schlechte Verhandlungsposition. Sie hat wenige Argumente, um Haushaltsarbeiten und Kindererziehung mit ihm zu teilen. Darum: Wenn sich Frauen mit kleinen Kindern in Abhängigkeit zu ihrem Mann begeben, dann sollten sie schon während der Schwangerschaft verhandeln und die Hälfte seines Gehalts fordern für die Erziehungsarbeit, die sie leisten. So kann sich das Paar die anfallenden Kosten teilen und über das, was übrig bleibt, kann jeder frei verfügen.

Geben Sie nicht Ihre berufliche Orientierung auf

Halten Sie Kontakt zu Kolleginnen und Kollegen, besuchen Sie Weiterbildungen oder betätigen Sie sich ehrenamtlich in der Gemeinde. Hauptsache, Sie blicken auch über den häuslichen Rahmen hinaus. Denn die Kinder werden schneller groß als gedacht. Dann brauchen Mütter eine eigene Perspektive.

Sorgen Sie vor

Frauen können heute bei einer Scheidungsrate von nahezu 50 Prozent nicht mehr davon ausgehen, dass die Ehe eine Lebensversicherung ist. Auch deshalb sollten sie unabhängig bleiben. Es schadet außerdem dem Selbstbewusstsein, im Alter arm und auf Sozialhilfe angewiesen zu sein.

Organisieren Sie sich

Um Gehaltsunterschiede zu überwinden oder sonstigen Ungleichbehandlungen im Job zu begegnen, sollten sich Frauen in ein größeres Kollektiv wie Frauenorganisationen einbringen, sich vernetzen, Verbündete suchen. Machen Sie Druck, organisieren Sie sich.

Bleiben Sie ruhig

Bei Gegenwind im Job gilt: souverän bleiben. Ruhig argumentieren, Fürsprecher und Verbündete suchen, hartnäckig und immer auf der Sachebene bleiben, nicht laut werden, nicht öffentlich weinen. Die Unsicherheit verliert Frau im Laufe der Zeit ganz von selbst mit den Erfahrungen, die sie sammelt.

Denken Sie an die Zukunft

Mütter sollten auch dann unbedingt arbeiten, wenn es sich im Moment wirtschaftlich nicht lohnt, um den Grundstein für ihre Zukunft zu legen. Bei stetig sinkenden Renten kann frau sich nicht mehr automatisch darauf verlassen, im Alter von der Rente des Ehemanns leben zu können.

Überzeugen Sie Ihren Mann von den Vorteilen, aktiver Vater zu sein

Bestärken Sie Ihren Mann darin, seine Arbeitszeit zu verringern, damit Sie auch berufstätig bleiben können. Denn das gesellschaftspolitische Ziel sollte sein, dass sich beide Geschlechter an den familiären Gemeinschaftsarbeiten beteiligen. Überzeugen Sie Ihren Partner davon, dass er vom Zusammensein mit seinem Kind profitiert: Kinder sind spontan, zärtlich und wollen mit ihren Papas Zeit verbringen. Väter lernen dabei, ebenfalls spontan zu sein, Rücksicht zu nehmen und mehr Gefühle zu zeigen.

Tipp für die Männer: Ziehen Sie mit!

Männer sollten mit ihrem Arbeitgeber darüber verhandeln, weniger zu arbeiten. Sie müssen das Väterargument bringen, nämlich dass sie genauso wie die Frauen mit ihren Kindern die nächste Generation aufbauen. Dazu kommt: Wenn Männer sich weniger ausschließlich auf ihren Beruf konzentrieren, leben sie auch länger. Dass sich viele Männer total für den Beruf aufopfern, ist einer der Gründe, warum ihre Lebenserwartung durchschnittlich fünf Jahre unter der von Frauen liegt.

Verdeutlichen Sie sich die Nachteile, die Männer in unserer Gesellschaft haben

Es ist wichtig, das Bewusstsein für die Schattenseiten der Privilegierung von Männern zu stärken wie die geringere Lebenserwartung und die emotionale Verpanzerung: unsensibel zu sein für eigene Befindlichkeiten, Befindlichkeitsstörungen und psychische Belastungen und auch für die Belastungen der Partnerin und der Kinder. Männer schützen sich häufig vor solch emotionaler Offenheit. Noch mag ein empfindlicher Mann einen schlechten Ruf haben. Diese starren Männlichkeitsvorstellungen sind aber auch für die Männer nicht gut.

Die Expertin

Sigrid Metz-Göckel ist emeritierte Professorin für Allgemeine Hochschuldidaktik und Frauenforschung an der Universität in Dortmund. Die Soziologin engagierte sich in der Frauenhochschulbewegung, gründete diverse Initiativen, um Frauen in der Wissenschaft zu fördern und baute den Bereich Geschlechterforschung als eigenständigen Wissenschaftszweig mit auf.

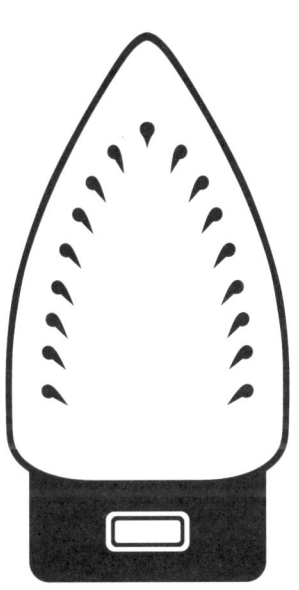

Manche sind gleicher
als andere –
der Status quo

9 Hauptsache Namenssache

Sie: *Mein Name, geopfert der Familie*

Ich darf mich seit etwa zweieinhalb Jahren eine Frau von ehren-vollem Stand nennen. So lange trage ich den Ring am Finger, der alles ändert. Zumindest nach außen. Und hinsichtlich der steuer-lichen Vorteile.

Was unsere Beziehung angeht, hat sich selbstverständlich nichts geändert. Zumindest nichts, was auf das Verheiratetsein zurückzuführen wäre. Wir lieben uns, wir streiten uns, manch-mal hassen wir uns auch. Doch am Ende eines jeden Tages sind wir glücklich, dass der andere neben einem im Bett liegt und man den Atemzügen des Liebsten lauschen kann, bevor man selbst in friedliche Gefilde entschlummert. So geht es zumin-dest mir. Und ich habe die leise Ahnung, dass mein Ehemann die Sache ähnlich sieht.

Nun gab es, bevor wir eines Tages tatsächlich zum Standes-amt marschierten, noch eine Sache zu klären. Welchen Nach-namen werden wir führen? Oder genauer: Welchen Nachnamen werde ich in Zukunft tragen? Denn meinem Ehemann, damals noch Freund, kam nicht ansatzweise in den Sinn, dass er meinen Namen annehmen könnte. Die Problematik kam ihm natürlich schon in den Sinn, nur was die Lösung dieser Angelegenheit betraf, da gab es für ihn wenig bis gar keinen Zweifel.

Eines Tages sprach ich das Thema an: „Schatz, was hältst du davon, wenn du in Zukunft so heißen würdest wie ich? Faust. Dann würdest du den Namen einer der schillerndsten und schwergewichtigsten Figuren der deutschen Literaturgeschichte tragen. Was will man mehr?"

„Aber Schatz", antwortete er mit irritiertem Blick, als hätte ich so etwas Abwegiges vorgeschlagen wie er solle einfach mal nackt in die Arbeit gehen. Im Sommer, wenn es sowieso viel zu heiß ist.

„Das kann ich nicht machen", erklärte er.

„Wieso denn nicht?", fragte ich.

„Das kommt für mich einfach nicht infrage, mein Name ist mein Name. Punkt. Darüber kann ich nicht diskutieren. Das ist gesetzt."

„Aha. Und was ist mit meinem Namen? Der ist doch genauso mein Name", versuchte ich Klarheit in unser beider Positionen zu bringen.

„Ich verstehe, dass dir dein Name wichtig ist. Aber fändest du es nicht schön, wenn wir als Familie alle gleich heißen würden? Auch unser Kind, wenn wir eines bekommen sollten?"

Klein-Max war zu diesem Zeitpunkt nur in unserer Fantasie lebendig, als eine kleine Gestalt unserer Träume für eine großartige Zukunft.

„Klar wäre das schön. Aber ist es wirklich wichtig? Das ist doch nur eine Äußerlichkeit. Die Sache ist die, dass ich mir auch nicht vorstellen kann, meinen Namen aufzugeben. Diana Faust. Hallo! Das ist nicht irgendein Name. Das bin ich!"

Und dazu kam die Sache mit dem Schwergewicht der Literaturgeschichte. Ich fuhr also fort: „Goethe! Faust! Sturm und Drang. Eine Epoche des Aufbruchs, der Rebellen, der tragischen Genies, der großen Gefühle! Das ist ganz großes Kino. Das gibt man nicht so einfach auf."

„Ach komm, Schatz. Ich verstehe ja, dass dein Name dir wichtig ist. Aber ich wäre schon traurig, wenn wir unterschiedliche Namen hätten. Wir wollen doch zusammengehören. Und wie sollte dann unser Kind heißen? Dein Name oder meiner? Ich fände es nicht gut, wenn ihr beide deinen Namen tragen würdet. Was wäre denn dann mit mir?"

Freunde von uns haben dieses Modell gewählt: Die Kinder tragen den Namen der Mutter und der Vater hat seinen Jungennamen behalten. Irgendwie fanden mein Freund und ich das blöd. Damals zumindest sah ich das so. Heute erscheinen mir die Dinge in einem anderen Licht.

„Hm. Ein Doppelname geht auch gar nicht. Das ist was für Weicheier. Entweder so oder so. Fisch oder Fleisch. Man muss sich schon entscheiden", räsonierte ich vor mich hin.

„Stimmt. Das ist was für Lehrer", sagte mein Mann.

Zum Glück waren wir uns in diesem Punkt einig.

„Die Nachnamen, die Kindern gegeben werden
und die Familien tragen,
sind ein rein kulturelles Phänomen."
(Prof. Harald Euler)

Wir lösten den strittigen Punkt, indem wir die Diskussion darüber verschoben. Zumal mir klar war, dass es für meinen Mann auf diesem Gebiet gar keinen Raum für eine Diskussion gab. Ich war überrascht, nein, ich amüsierte mich darüber, dass er bei seinem Nachnamen so unnachgiebig war. Und ich akzeptierte seine Einstellung. Auch wenn sie sich mit keinem logischen Argument begründen lässt. Auch wenn ich versuchte, ihm das deutlich zu machen: „Also, mal angenommen, wir zwei wären uns einig, einen Familiennamen haben zu wollen – wieso ist dann klar, dass ich auf meinen Namen verzichten muss und du das unter kleinen Umständen tun würdest? Hä? Das erschließt sich mir nicht."

Damals hatte ich keine Meinung dazu, wie die Namensführung unserer Zweier-Familie sein sollte. Ob mir ein gemeinsamer Name von Vater, Mutter und Kind wirklich wichtig wäre oder ob ich nicht auch damit leben könnte, unterschiedliche Namen zu führen. Ich wusste nur, dass ich meinen Namen eigentlich nicht aufgeben wollte. Obwohl ich in meinem tiefsten Inneren auch wusste, dass es darauf hinauslaufen würde. Weil ich spürte, dass es für ihn in diesem Punkt keinen Verhandlungsspielraum gab: „Na ja, meine Liebe. Du bist halt eine Frau und es ist doch absolut üblich, den Namen seines Mannes anzunehmen. Da bin ich altmodisch. Du willst doch meine Frau sein, oder? Und außerdem: Mein Vater würde mich für verrückt erklären, wenn ich unseren Namen aufgebe. Der würde mich höchstwahrscheinlich enterben und sich darüber aufregen, was für einen Warmduscher er in die Welt gesetzt hat."

Was soll man dazu schon noch sagen? Außer dass mein Schwiegervater es liebt, warm zu duschen? Wir verschoben also erneut die Diskussion.

Ich wurde schwanger. Falsch: Wir wurden schwanger. Ich wurde rund. Und unbeweglich. Ich gebar unser Kind. Es brauchte einen Namen: Maximilian – und den Nachnamen meines Mannes. So sollte unser Glück heißen. Ich behielt weiterhin meinen ursprünglichen Familiennamen.

Warum? Für mich hatte das etwas mit Fairness zu tun. Schließlich war mein Mann von der ganzen Schwangerschafts- und Geburtsprozedur ausgeschlossen. Hatte das Kindchen nicht neun Monate in seinem Bauch getragen. Mutter-Kind-Bindung. Wir kennen das alle. Dass mein Freund mit im Boot ist, wollte ich irgendwie ausdrücken. So kam unser Kind zu seinem Nachnamen.

So ging es dahin. In der nächsten Zeit musste der Kleine öfter zum Arzt. Mich störte dabei vor allem, dass ich jedes Mal erklären musste, um wessen Kind es sich handelte – denn Max trug ja einen anderen Nachnamen als ich. Zu wem gehörte er? Vorher dachte ich, dass mir diese Gewissheit niemand nehmen könnte. Ich hatte mein Kind schließlich neun Monate im Bauch getragen. Muss man dem noch etwas hinzuzufügen? Ja, unglücklicherweise musste ich das. Jedes Mal, wenn ich erklärte, dass es sich bei dem Patienten um meinen Sohn handelt.

Schließlich kam der Tag, an dem wir vor der Standesbeamtin standen und sie uns nach unserem neuen Namen fragte. Wir antworteten beide mit dem Namen meines Mannes. Jetzt waren wir ein Ehepaar.

Auch ich vergesse immer wieder einmal, dass ich den Namen meines Mannes trage. Manchmal fällt es mir schlagartig wieder ein, wenn ich zum Beispiel etwas unterschreiben muss. Dann überrascht mich mein neuer Name. Es ist nicht so, dass ich ihn nicht mag. Aber es fühlt sich ein bisschen so an, als hätte ich mich verkleidet. Als trüge ich ein Kostüm. Klar, ich bleibe dieselbe Person, es handelt sich um eine Äußerlichkeit. Aber das ist nicht die ganze Wahrheit. Denn ein Name stiftet Identität. Ich bin zwar noch ich. Doch nach außen bin ich anonymer geworden. Weil mein Name beliebig geworden ist, dadurch, dass ich ihn geändert habe. So betrachtet hat mein Mann alles richtig gemacht. Denn wer will schon beliebig werden?

Er: Mein Name ist Gesetz(t)

Eines Abends saßen meine Frau und ich zusammen auf der Couch unserer kleinen Studentenbude. Ich war bester Laune. Wir hatten kürzlich beschlossen zu heiraten. Was sollte da meine Stimmung trüben, abends nach getaner Arbeit auf dem Sofa neben meiner Zukünftigen? Das Leben war schön. Es gab überhaupt keine Probleme.

Ich irrte. Denn während ich noch friedlich über unser Glück sinnierte, hörte ich die Stimme meiner Frau: „Schatz, was hältst du davon, wenn du in Zukunft so heißen würdest wie ich? Dann würdest du den Namen einer der schillerndsten und schwergewichtigsten Figuren der deutschen Literaturgeschichte tragen. Was will man mehr?"

„Aber Schatz", ich winkte ab. Gedanklich zumindest: ein netter Versuch, aber völlig absurd. Ich gebe doch nicht meinen Namen auf! Das geht gar nicht. Keine Chance. Was schwirrten ihr da nur wieder für Flausen im Kopf herum?

„Das kann ich nicht machen", erklärte ich also.

„Wieso denn nicht?", fragte sie.

Mir war klar: Jetzt muss eine klare Ansage her. Sonst habe ich ewig Stress mit dem Thema und sie wird nicht lockerlassen.

„Das kommt für mich nicht in Frage, mein Name ist mein Name. Punkt. Darüber kann ich wirklich nicht diskutieren. Das ist gesetzt."

Ich hoffte, dass das reichen würde, um weitere Diskussionen im Keim zu ersticken. Ich irrte wieder.

„Aha. Und was ist mit meinem Namen? Der ist doch genauso mein Name."

> *„Ich finde den Namen der Mutter*
> *für das Kind entscheidender,*
> *weil in der Regel die Bindung an die Mutter*
> *zumindest in den ersten Jahren sehr viel fester ist*
> *als die Vater-Kind-Beziehung."*
>
> (Prof. Harald Euler)

Es war der Beginn eines Dauerbrenner-Streits. Der Beginn eines riesigen Emanzipationsfeldzuges durch unsere Wohnung. Für sie war das Thema eine total heikle Angelegenheit, schwer beladen mit offensichtlich gewordener Unterdrückung, ungleichen Machtverhältnissen und Diskriminierung.

Ich gebe zu: In der Sache verstehe ich meine Gattin sogar. Schließlich macht es per se keinen Sinn, den Namen des Mannes weiterzuführen. Es gibt dafür keine logisch herzuleitende Grundlage. Außer man nimmt an, dass sich die männliche Erblinie in einer Art Gesetzmäßigkeit zu verbreiten hat.

Für mich gibt es durchaus Ausnahmen, die sinnvoll begründen, warum man als Frau oder auch als Mann auf seinen Namen verzichten sollte. Hat einer der Partner einen Adelstitel, würde ich den nicht aufgeben. Oder wenn der Nachname für eine Marke steht, so etwas wie die Traditionsschreinerei Eder. Auch die Ästhetik des Namens spielt eine wichtige Rolle. Heißt der eine Fleischhauer und der andere Stern, sollte klar sein, wer wessen Namen annimmt. Das ist bei uns nicht der Fall.

In einer idealen Gesellschaft müsste man losen, wenn diese geschlechterunabhängigen Gründe für einen Namenswechsel oder -behalt nicht gelten. Nun leben wir aber in der Wirklichkeit. Und da nehmen gefühlt 70 Prozent der Frauen den Nachnamen ihres Mannes an. In München sind es sogar noch mehr: Im Jahr 2011 haben 4642 Paare geheiratet, davon nahmen 164 Männer den Namen der Frau an, 963 Paare behielten ihre Namen und bei den restlichen 3515 Paaren entschieden sich die Frauen für den Namen ihre Mannes, also knapp 78 Prozent.[10] Sicher ohne einen Aufstand zu machen. Könnte meine Frau sich nicht anschließen? Das wäre mir wirklich lieb.

Die Frage ist ja auch, was die Alternative wäre? Ein Doppelname? Nee, das fanden wir zum Glück beide doof. Das ist was für Weicheier oder für Lehrer. Sie hätte ihren Namen behalten können. Aber was wäre dann mit unseren derzeit noch ungeborenen Kindern? Ich versuchte, sie auf diesem Weg zu überzeugen: „Ich verstehe, dass dir dein Name wichtig ist. Aber fändest du es nicht schön, wenn wir als Familie alle gleich heißen würden? Auch unser Kind, wenn wir eines bekommen sollten?"

„Klar wäre das schön. Aber ist es wirklich wichtig? Das ist doch nur eine Äußerlichkeit. Die Sache ist die, dass ich mir auch nicht vorstellen kann, meinen Namen aufzugeben. Hallo! Das ist nicht irgendein Name. Das bin ich!"

Jetzt hatte sie sich richtig in Fahrt geredet.

„Dazu kommt ja noch: Mein Name ist Ausdruck eines Stücks Literaturgeschichte. Goethe! Faust! Sturm und Drang. Eine Epoche des Aufbruchs, der Rebellen, der tragischen Genies, der gro-

---

10 Angaben vom Standesamt München I

ßen Gefühle! Das ist ganz großes Kino. Das gibt man nicht so einfach auf."

Und klar: Es stimmt. Seinen Namen gibt man nicht so einfach auf. Ich auch nicht. Wieso können wir also nicht einfach meinen Namen annehmen? Schließlich spielt die Tradition eindeutig mir in die Karten. Ich blieb beim Argument „Kind": „Ach komm, Schatz. Ich verstehe ja, dass dir dein Name wichtig ist. Aber ich wäre schon traurig, wenn wir unterschiedliche Namen hätten. Wir wollen doch zusammengehören. Und wie sollte dann unser Kind heißen? Ich fände es nicht gut, wenn ihr beide deinen Namen tragen würdet. Was wäre denn dann mit mir?"

Ich erinnere mich noch sehr gut: Als vor einiger Zeit einer meiner Freunde sich darauf eingelassen hat, dass seine Kinder den Nachnamen seiner Ehefrau bekommen, fand ich das furchtbar. Ich erklärte ihm: „Das geht gar nicht, deine Kinder müssen doch so heißen wie du!"

Da habe ich mich dabei ertappt, dass ich in patriarchalischen, verkrusteten Mustern denke. Es war ein Gefühl, das mich überkam. Eine Ungeheuerlichkeit: Die Kinder meines Freundes mit dem Nachnamen seiner Frau. Es ist schwer, sich von solchen Mustern frei zu machen, wenn man sie 30 Jahre lang verinnerlicht hat. Egal, ob sie nun gut oder schlecht sind.

Für einen Mann ist der gesellschaftliche Gegenwind in dieser Sache viel heftiger als für eine Frau. Wenn ich in Zukunft den Namen meiner Frau trüge – ich wäre ein Alien! Und nicht auszudenken, was das für ein Aufwand wäre! Allein in der Arbeit: Ich bräuchte eine neue E-Mail-Adresse, ein neuer Verzeichniseintrag müsste her. Auch sonst: neue Dokumente beantragen, alle wichtigen Behörden in Kenntnis setzen, die Bank, die Versicherungen, mein Zeitungsabo und, und, und …

Doch meine Frau ließ nicht locker. Einige Zeit später fing sie wieder mit dem Thema an: „Mal angenommen, wir zwei wären uns einig, einen Familiennamen haben zu wollen – wieso ist dann klar, dass ich auf meinen Namen verzichten muss und du das unter kleinen Umständen tun würdest? Hä? Das erschließt sich mir nicht."

Wie konnte ich ihr erklären, dass es für mich keinen Verhandlungsspielraum gab? Ich wagte mich auf dünnes Eis, denn ich warf das Argument Tradition in die Waagschale. Der Schuss hätte nach hinten losgehen können, denn nur, weil alle etwas tun, heißt das für meine Frau niemals, dass es richtig ist.

„Na ja, meine Liebe. Du bist halt eine Frau und es ist doch absolut üblich, den Namen des Mannes anzunehmen. Da bin ich altmodisch. Du willst doch meine Frau sein, oder? Und außerdem: Mein Vater würde mich für verrückt erklären, wenn ich unseren Namen aufgebe. Der würde mich höchstwahrscheinlich enterben und sich darüber aufregen, was für einen Warmduscher er in die Welt gesetzt hat."

Nicht nur meine Mutter trug selbstverständlich seinen Namen, seine zweite Ehefrau tut es ebenso selbstverständlich.

> „Der Vater kann genauso
> die engste Bezugsperson sein,
> wenn er sich von Anfang an
> um sein Kind kümmert.
> Die Mutter-Kind-Bindung
> ist kein Naturgesetz."
> (Prof. Harald Euler)

Mein Vater vertritt klare Ansichten. Das hat mich geprägt. Immer wieder schmierte er mir seine Standpunkte aufs Brot: Der Mann ist der Herr im Haus, der Mann spült nicht ab, der Mann fasst keine Windeln an. Das sind nicht meine Ansichten und informell kann ich mich prima darüber hinwegsetzen. Aber den Namen meiner Frau anzunehmen ist ein formaler Akt. Es wäre ein Eklat gewesen, hätte ich vor dem Standesbeamten bekannt, künftig den Namen meiner Frau zu tragen. Das wäre genauso unvorstellbar gewesen, wie meinen Vater nicht zur Hochzeit einzuladen. Es geht dabei auch um seinen Namen. Ich möchte ihn für ihn bewahren, damit er überdauert.

Als ich etwa 20 Jahre alt war, führten mein Vater und ich ein Gespräch von Mann zu Mann. Er erklärte mir bei einem gepflegten Bier, was es heißt, erwachsen zu sein: „Erwachsen bist du erst, wenn du eine Familie ernähren kannst."

Das waren seine Worte. Und ja, die habe ich ernst genommen. Ich glaube, dass ich ihm gegenüber auch ein Problem hätte, wenn vor allem meine Frau das Geld verdienen würde. Andererseits: Vielleicht wäre mir das mittlerweile auch egal. Schließlich habe ich inzwischen schon bewiesen, dass ich für meine Familie sorgen kann.

Letztlich haben unsere Väter die Angelegenheit entschieden. Auch, wenn meine Frau sich daran nicht mehr erinnern kann oder möchte. Sie erläuterte nämlich auch ihrem Vater das Problem in allen Einzelheiten. Ihr Vater meinte dazu, sie solle das alles nicht so hochkochen und meinen Namen annehmen. Warum auch nicht?

Seit diesem Gespräch war der Weg frei. Irgendwie hat sie sich – wenn auch unbewusst – von ihrem Vater beeinflussen lassen. Er, der das patriarchalische Prinzip über seinen eigenen Familiennamen gestellt hat. Schließlich wird sein Name nicht über seine Tochter die Zeiten überdauern.

Für mich ist es ein Gefühl von Zusammengehörigkeit, dass wir heute beide meinen Namen tragen. Ich habe mich gefreut, dass sie nachgegeben hat, und ich glaube, es ist nur eine Frage der Zeit, bis man den neuen Namen auch innerlich annimmt. Auch ich habe mich noch nicht an die neue Situation gewöhnt – ich nenne meine Frau häufig noch bei ihrem früheren Namen. Erst neulich fiel mir wieder auf: „Ach ja, du hast ja jetzt meinen Namen. Das ist so ungewohnt."

Das sagt der Experte

Der Evolutionspsychologe Harald Euler erklärt:

Warum ist Männern so wichtig, dass die Frau ihren Namen trägt?

Für konservative Männer ist es wichtig, ihren Status mit ihrem Namen zu präsentieren. Traditionelle Normvorstellungen, in denen der Stammbaum viel zählt, motivieren sie. Für viele Frauen sind statushohe Männer nach wie vor attraktiver als statusniedrige. Frauen müssen weniger mit ihrem Geld, ihrem Titel, ihrem Reichtum und ihrem Namen punkten, um einen Mann zu finden. Es zählt eher ihre Attraktivität. Es ist also eine Wechselwirkung: Männer sind dominanter und zu mehr Wettbewerb bereit, weil Frauen das in der Vergangenheit bevorzugt haben.

Woher kommt diese Idee historisch?

Die Identität einer Familie entsteht nicht dadurch, dass alle denselben Namen tragen. Den Nachnamen des Vaters als Familiennamen weiterzuführen, ist Ausdruck unserer durch die Vaterlinie bestimmten Gesellschaft.

Die meisten Kulturen prägt die Vaterlinie. Denn viele Kulturen entwickelten sich von Sammler- und Jägergesellschaften zu Hirtenkulturen oder sesshaften Gemeinschaften mit Ackerbau und Viehwirtschaft, in denen sich die männliche Linie durchsetzte.

Viehwirtschaft hat etwas mit Flächenbesitz zu tun. Die Männer fingen an, die Versorgung sicherzustellen. Sie verließen das Haus, um die Grenzen zu sichern. Dadurch trat die männliche Dominanz mehr zutage. Auch die Aggressivität nahm zu und Männer begannen, Frauen zu unterdrücken.

Warum verändert sich das in unserer Gesellschaft?

Die beschriebenen Strukturen weichen langsam auf. Mit der hohen Scheidungsrate und der zunehmenden Zahl an Patchworkfamilien baut sich die Vaterlinie von selbst ab. Denn bei Scheidungen bleiben die Kinder zu 90 Prozent bei ihren Müttern. Die Bindung zu einem neuen Stiefvater ist in der Regel nicht so tief, wie sie zum leiblichen Vater hätte sein können. Je höher die Scheidungsraten, desto mehr kommt die Mutterlinie zum Vorschein.

Psychologisch betrachtet besteht der Kern der Familie ohnehin nicht aus Mutter, Vater und Kind, sondern aus Mutter und Kind beziehungsweise Tochter. Mutter und Tochter haben auch über mehrere Generationen hinweg die engste Verbindung, viel enger als Vater und Sohn.

Welche Lösungsmöglichkeiten gibt es?

Im Zuge der Veränderungen ist klar, dass Frauen die gleichen Ansprüche stellen wie Männer. Warum sollten sie das auch nicht tun? Die fairste Lösung wäre, der Standesbeamte würde eine Münze werfen. Oder beide sollten ihren Namen behalten, das Kind bekommt vorläufig den Namen des Vaters oder der Mutter und entscheidet selbst, wenn es volljährig ist.

Der Experte

Harald Euler ist Evolutionspsychologe. Er war bis 2009 Professor für Psychologie an der Universität in Kassel, jetzt ist er im Ruhestand. Zu seinen Forschungsgebieten gehören die evolutionäre Psychologie von Familienbeziehungen und Geschlechterunterschieden.

10 Die modernen zwei Monate

Er: *Chef, ich nehme Elternzeit*

Das Erste, was ich über die Elternzeit lernte, war, dass ich sie auf keinen Fall nehmen soll, wenn unser Baby auf die Welt kommt. Meine Väter-Kollegen rieten mir: „Du hast gar nichts von deinem Kind, wenn es noch so klein ist. Das ist Verschwendung. Die Zeit mit ihm ist viel intensiver, wenn es ein bisschen größer ist. Da kannst du viel mehr mit ihm anfangen!"

Sie waren sich ihrer Sache sehr sicher. Ursprünglich hatte ich in meiner Unwissenheit geglaubt, es sei ein guter Plan, meine Frau gleich am Anfang unseres neuen Lebens mit Kind zu unterstützen. Doch meine Kollegen klangen ziemlich überzeugend. Und als die Stunde null geschlagen hatte, war mir schnell klar, was meine Kollegen gemeint hatten. Was sollte ich auch zwischen Stilleinlagen und Milchpumpe? Seit Klein-Max auf der Welt war, war Stillen bei uns Thema Nummer eins. Erst ging es ausschließlich um das Ende der Schwangerschaft, das im Mysterium Geburt endete. Als das geschafft war, hatten wir nahtlos ein neues Thema gefunden. Und das in einer solchen Intensität, als gäbe es kein Gestern und kein Morgen. Vielleicht noch nicht mal ein Heute. Wie oft hat er getrunken, wann das letzte Mal, wie viel?

Ich stand dem Stress etwas ratlos gegenüber. Ich versuchte natürlich, so gut wie möglich zu helfen, aber am Ende musste meine Frau die Stillerei regeln. Und ehrlich gesagt, beneidete ich sie darum nicht. Die Prozedur wirkte ganz schön kompliziert, Natürlichkeit hin oder her.

Mit Klein-Max' Geburt endete auch eine Ära, in der das Thema Elternzeit uns sehr regelmäßig den Anlass dafür lieferte, unsere Stimmen etwas lauter werden zu lassen. Es war längst ganz oben platziert auf der Liste unserer Streit-Evergreens. Denn ich muss zugeben: Es gab Phasen, da stand auf der Kippe, ob ich die zwei Monate Elternzeit überhaupt nehmen würde. Im Job kam ständig etwas dazwischen. Ein Projekt jagte das andere. Es folgten größere Umstrukturierungsmaßnahmen in der Firma, bei denen zwischendurch nicht klar war, wie es mit meinem Job weitergehen würde. Da konnte ich unmöglich eine Auszeit von zwei Monaten nehmen! Ich musste am Ball bleiben. Dann bekam ich noch einen neuen Chef. Der zweite Rückschlag für die Elternzeit. Denn ich konnte ihm schlecht zu Beginn unserer Zusammenarbeit eröffnen, dass sich unsere Verbindung gleich wieder lösen sollte. Zumindest für eine Zeit.

„Sich Kinder, Erwerbsarbeit und Haushalt zu teilen, war zwar schwierig umzusetzen und anstrengend, weil wir viel absprechen mussten. Aber es hat sich gelohnt."
(Harald Rost)

Kurz: Ich hatte Schiss. Sorgte mich, dass es ein schlechtes Licht auf mich werfen würde, wenn ich meine Karriere auch nur für zwei Monate an den Nagel hängen würde. Dass diese Auszeit vielleicht sogar schon das Ende meiner Karriere bedeuten könnte! Ich fürchtete, bei meinem Chef ins Abseits zu geraten, wenn ich ihn hängen ließe, weil er sich um Ersatz kümmern musste oder eben selbst mehr Arbeit haben würde. Und ich hatte Angst davor, wie die Kollegen auf einen solchen Vorstoß reagieren würden. Denn das war es zweifelsohne: Es war auch in meiner Firma noch nicht selbstverständlich, dass Männer Elternzeit nehmen.

Aber meine Frau wurde auch nicht müde, mich daran zu erinnern, wie wichtig sie die Elternzeit für mich und unsere Familie fände. Für sie bestand überhaupt nicht die Option, dass ich diese Zeit nicht in Anspruch nehmen würde. Sie drängte und drängte. Fragte immer wieder nach. Das war hart. Sie hat mich so unter Druck gesetzt, dass ich mich zwischenzeitlich aus Prinzip gegen Frau von der Leyens Errungenschaft gesträubt habe.

Doch am Ende gewann meine Frau. Die Elternzeit und auch der Zeitpunkt waren für uns beschlossene Sache. Ich musste nur noch meinen Chef fragen, ob das in Ordnung ging. Nur noch.

Also notierte ich mir diesen Punkt auf meiner To-do-Liste. Woche für Woche nahm ich die Liste mit in unser One-to-One, den Termin, bei dem mein Chef und ich alles Wichtige besprechen. Nur das mit der Elternzeit sprach ich nie an. Ich fand einfach nicht den richtigen Zeitpunkt. Irgendwie passte das Thema nie in den Zusammenhang. Das ging etwa drei, vier Monate so. Vielleicht auch länger, ich weiß es nicht mehr. Aber irgendwann kam der Tag, an dem es passierte. Wieder einmal saßen wir im One-to-One. Ich dachte: „Heute musst du es ihm sagen."

Dann half mir ein glücklicher Zufall. Wir sprachen über einen anderen Kollegen, ich fragte: „Wo ist eigentlich der Christian abgeblieben? Können wir mal mit dem ein Meeting ansetzen? Der ist irgendwie nicht greifbar."

„Der ist gerade in Elternzeit", erklärte mein Chef.

Ich schluckte. Mein Herz klopfte. Leicht, nur ein bisschen. Jetzt oder nie. Eine bessere Steilvorlage würde ich nicht mehr bekommen. Also wagte ich es: „Ach, interessanter Punkt! Ich wollte nämlich zufällig auch Elternzeit nehmen."

Es war raus. Was tat mein Chef? Er rief: „Oh, shit!"

Na prima, das fing ja gut an. Und weiter: „Ich finde das natürlich nicht super, aber es ist, wie es ist. Es ist dein gutes Recht, diese Zeit zu nehmen, und am Ende ist es auch kein Problem."

Ich war erleichtert. Sehr erleichtert. Atmete aus und beeilte mich, meinem Chef zu versichern, dass er sich keine Sorgen machen müsse. Ich würde dafür sorgen, dass nichts herunterfallen würde, dass ich alles sauber übergäbe und dass ihm meine Abwesenheit gar nicht auffallen werde.

Damit war das Thema für ihn erledigt.

Raus aus dem Treffen eilte ich den Flur entlang, wippenden Schrittes, mir war auf einmal so leicht zumute. Bog ab in mein Büro und rief meine Frau an, um ihr von den Neuigkeiten zu erzählen.

„Hallo Schatz", flüsterte ich mit Grabesstimme in den Hörer.

„Was ist denn los?"

„Mein Chef hat gesagt, dass das mit der Elternzeit nicht funktionieren wird."

Ich gab alles, um meine Stimme vor Niedergeschlagenheit triefen zu lassen. Es klappte.

„Waaas??!!"

Meine Frau war entsetzt. Stille. Das war zu viel. Ich musste lachen. Schadenfroh. Da verstand sie: „Sehr witzig, du Blödmann! Hast du mit ihm geredet? Was hat er gesagt? Ich freue mich!"

Ich freute mich auch. Darüber, dass alles geklappt hatte und dass es so einfach gewesen war. Viel einfacher als gedacht. Das stand ja in keinem Verhältnis zu den Sorgen, die ich mir gemacht hatte! Jetzt erwartete mich eine grandiose Zeit: zwei Monate zusammen mit meiner kleinen Familie in Portugal. Ein paar Kollegen ließen zwar blöde Sprüche fallen, dass ich mich doch ums Kind zu kümmern hätte, anstatt es mir in Portugal gemütlich zu machen. Das hatte ich ja vor. Aber sorry, in der portugiesischen Sonne wechseln sich Windeln nun mal leichter.

Im Nachhinein bin ich froh um meine Elternzeit. Sehr froh. Aber ursprünglich habe ich sie schon genommen, weil meine Frau darauf gedrängt hat. Ich hätte es einfacher gefunden, einfach weiterzuarbeiten. Ich scheute mich davor, den steinigen Weg einzuschlagen. Wollte dem Problem lieber aus dem Weg gehen. Aber so groß waren die Hürden am Ende gar nicht. Es waren vor allem Hürden in meinem Kopf.

Heute, knapp zwei Jahre später, nehmen schon viel mehr Kollegen in unserer Firma Elternzeit. Vielleicht habe ich sogar meinen Teil dazu beigetragen. Denn die Reaktionen waren nur positiv. Vor allem bei den Kolleginnen. Aber auch meine Mitarbeiter im Vater-Alter fanden es eine super Sache.

> *„Wenn ich mit meinen Söhnen ein Bilderbuch*
> *anschaute, hat mich immer geärgert,*
> *dass die Figuren mit Mama einkaufen gingen.*
> *‚Im Supermarkt mit Papa' – das gibt es nicht."*
>
> (Harald Rost)

„Das machen wir auch, wenn es so weit ist", sagten sie.

Nein, dachte ich. Tut das nicht! Das bedeutet für mich nur Stress, Jungs. Ganz kurz dachte ich das. Es war wirklich nur ein ganz kurzer Moment.

Sie: Du tust es für dich – nicht für mich

Diese elendige Elternzeit. Es war zum Aus-der-Haut-Fahren, aber je öfter wir über dieses Thema sprachen, desto unangenehmer wurde die Sache. Richtig zerredet haben wir das, quasi kaputt gekaut. Dabei fing alles so vielversprechend an. Mein Ehemann hatte prinzipiell nichts dagegen, zwei Monate seinen Vaterpflichten von der häuslichen Basisstation aus nachzukommen. Zumindest hatte er theoretisch nichts dagegen. Denn trotz unseres absoluten Einverständnisses in diesem Punkt passierte erst einmal: nichts.

Ich wartete monatelang auf den Abend, an dem er nach Hause kommen würde und mir die frohe Botschaft verkündete. Nada. Nichts. Niente.

Wie hätte er das auch können? Es stand ja noch nicht einmal fest, in welchem Zeitraum dieses visionäre Vorhaben stattfinden könnte. Manchmal hatte ich nämlich das Gefühl, ich müsse wegen seiner bahnbrechenden Entscheidung für die Elternzeit jedes Mal, wenn ich ihm begegnete, vor ihm auf die Knie fallen, um seinem Großmut und seiner Unerschrockenheit zu huldigen. Schließlich ist es überhaupt nicht selbstverständlich, dass Männer zwei Monate Elternzeit beanspruchen, habe ich mir in gebetsmühlenartiger Regelmäßigkeit erklären lassen.

Irgendwie wurde ich in dieser ganzen Phase des Elternzeit-Streits den Eindruck nicht los, dass mein Ehemann etwas verwechselte: Er tat immer so, als würde er mir einen persönlichen Gefallen tun, wenn er zwei Monate seiner wertvollen Arbeitslebenszeit für seinen Sohn opferte. Dass es dabei um ihn und um seinen Sohn ging, das hatte er irgendwie nicht auf dem Schirm. Ja, eigentlich hätte er mir dankbar sein müssen – schließlich sind die Kinder nur kurze Zeit so klein. Und die gemeinsam verbrachte Zeit ist eine einmalige, nicht wiederholbare Chance. Auch für Männer. Hingegen wage ich zu behaupten, dass sich die Arbeitstage in seiner Firma sehr wohl ähneln. So wie bei Stromberg. Alles fließt in mehreren Grauschattierungen. Viel Beton. Immer und immer wieder.

Das hat mich am meisten geärgert. Dass er dachte, es gehöre zu meinem Emanzen-Feldzug, dass er Elternzeit nimmt. Als ginge es um meine persönliche Eitelkeit. Okay, ich bin schon der Meinung, dass ein moderner Mann Elternzeit nehmen sollte. Aber das ist doch nur ein nebensächliches Produkt der Hauptsache, um die es geht. Mehr Zeit für Väter mit ihren Kindern. Ein Leben mit der eigenen Familie. Und ein Schritt in diese Richtung ist nun mal die Elternzeit. Herrgott noch mal, warum muss das so ein riesiges Problem sein?

Es hat mich auch traurig gemacht, dass mein Mann nicht gesehen hat, dass die Zeit mit Klein-Max etwas Wertvolles sein würde. Etwas, an das er später sicher öfter zurückdenken wird als an die entsprechende Zeit, die er in der Arbeit verbracht hätte. Was sind schon zwei Monate auf die Länge einer ganzen Karriere gesehen? Ein Wimpernschlag. Mehr nicht.

Und schließlich: Was sollte ich denn sagen? Ich bin mindestens ein ganzes Jahr von der beruflichen Bildfläche verschwunden. Darüber haben wir keine Minute in dieser Ausführlichkeit gesprochen. Wir thematisierten nicht, dass ich deswegen möglicherweise schlechtere Karrierechancen haben würde. Es war selbstverständlich, dass ich ein Jahr aussetzen würde. Dabei ist ein Jahr Babypause für eine Mutter hierzulande sowieso schon recht kurz.

Wir alle kennen die Diskussionen zur Genüge: Wie viel Mutter braucht ein Kind? Und vor allem: Wie lange braucht es sie? Und die Stimmen, die mit „selbstverständlich drei Jahre!" antworten, gehören nicht nur einigen wenigen Konservativen.

„Wenn meine Söhne aus der Schule kamen,
sprudelte nur so aus ihnen heraus,
was sie alles erlebt hatten.
Fragte ich sie abends nach der Arbeit,
bekam ich eher einsilbige Antworten."
(Harald Rost)

Immer wieder versuchte ich, meinem Mann diese Dinge klarzumachen. Denn mir war nicht bewusst, wie problematisch es für ihn war, die Elternzeit wirklich in Anspruch zu nehmen. Den Schritt zu wagen gegen das, was üblich ist.

So stritten wir. Und diskutierten. Und stritten. Nein, langweilig wurde es bei uns nicht. Was die Gemengelage noch unübersichtlicher machte, war der Irrglaube, dem auch mein Mann unterlag: man sei unentbehrlich in seinem Job. Ja, das ist nachvollziehbar. Das dachte ich auch, als ich in Elternzeit ging.

„Mensch, Wahnsinn", dachte ich. „Ich halte hier alle Strippen in der Hand, zumindest alle, die meinen Bereich betreffen. Wie soll das nur funktionieren?"

Dachte es und verließ das sinkende Schiff. Und was passierte? Nichts. Einfach nichts. Die Zeitschrift, für die ich gearbeitet hatte, erschien nach wie vor. Mit der Zeit verschwand mein Name aus dem Impressum. Das war alles.

Abgesehen davon: Es gestaltete sich schwierig, überhaupt einen Zeitraum zu finden, der sich für das Projekt „Papas Elternzeit" eignete. Denn in der Arbeit meines Mannes kamen immer neue Projekt dazwischen. Funkten in unseren Zeitplan hinein. So viele Widrigkeiten.

Ein Schlüssel zum beruflichen Erfolg sei es, Prioritäten zu setzen. Das erklärt mir mein Mann gern, wenn ich Schwierigkeiten habe, bestimmte Entscheidungen zu treffen. Hatte dieses Projekt keine Priorität für ihn?

Eines Tages dann, nachdem wir beide schon mürbe geworden waren, so mürbe wie Streuselteilchen, klingelte das Telefon. Klein-Max, der damals noch Baby-Max war, schlief im Tuch vor meiner Brust. Ich nahm ab.

„Hallo Schatz", hauchte mir mein Mann entgegen. Er klang so, als lastete das ganze Leid dieser Welt auf seinen Schultern. Das kam manchmal vor. Wahrscheinlich hatte er viel zu tun und in der Hektik mal wieder nichts gegessen.

„Was ist denn los?"

Ich erwartete, dass er mir erzählte, wie riesig sein Hunger sei, und dass – wenn's dumm liefe –, mal wieder eine Erkältung auf dem Vormarsch sei. Weil er so viel Stress hat.

„Mein Chef hat gesagt, dass das mit der Elternzeit nicht funktionieren wird."

„Waaas??!!"

Das konnte ja wohl nicht wahr sein! Alles war dahin. Das sollte es gewesen sein? Dieses ewige Hin und Her um die Elternzeit, und jetzt? Aus? Einfach so vorbei!? Ich wollte gerade anfangen, mich in Rage zu grübeln – da lachte mein Mann. Dass ich aber auch immer wieder auf ihn reinfalle!

„Sehr witzig, du Blödmann! Hast du mit ihm geredet? Was hat er gesagt? Ich freue mich!"

Ja, ich freute mich. Die Elternzeit war im Kasten. Zum Glück. Denn es stimmt: Mir hat sie viel bedeutet. Meinem Mann im Nachhinein auch. Das ist gut so. Darüber sind wir uns mittlerweile einig. Und das kommt ungefähr so häufig vor, wie dass der FC Augsburg Meister wird. Würde mein Mann jetzt sagen. Ich natürlich nicht.

Das sagt der Experte

Soziologe und Väterforscher Harald Rost rät:

Suchen Sie sich erfolgreiche Beispiele!

Personalabteilungen und Chefs hegen häufig noch Misstrauen gegen Männer, die Elternzeit nehmen. Dennoch hat sich das Bewusstsein verändert. Wer vor gut zehn Jahren den damaligen Erziehungsurlaub nahm, wich sehr stark von der Norm ab. Der Anteil der Männer lag gerade mal bei drei Prozent. Heute nimmt ein Drittel der Männer Elternzeit. Davon zwar drei Viertel nur die zwei Partnermonate, aber immerhin.

Um ihre Unsicherheit zu überwinden, sollten sich Männer nach guten Beispielen umsehen und sich an diesen orientieren. Vielleicht gab es bereits Väter in der Firma, die Elternzeit genommen haben und von positiven Erfahrungen berichten können.

Vorgesetzte überzeugen

Väter sollten ihren Chefs die Vorteile ihrer Elternzeit nahebringen. Nämlich ausgeglichene Mitarbeiter zu haben, die motivierter und leistungsfähiger sind, weil sie nicht ständig das Gefühl haben, ihre Familie im Stich zu lassen.

Probleme lösen

Stoßen Männer in der Firma auf Widerstände, können sie sich an den Personal- oder Betriebsrat wenden. Diese Gremien sind in solchen Situationen zuständig.

Handeln Sie rechtzeitig

Kommunizieren Sie frühzeitig in der Partnerschaft und gegenüber den Arbeitgebern, welche Lösung Sie anstreben. Je eher Sie Ihre Wünsche mitteilen, desto eher können Sie Übergangslösungen finden und das Vorhaben insgesamt gründlich planen.

Kümmern Sie sich auch rechtzeitig um Betreuungsmöglichkeiten. Klären Sie Fragen wie: Bekomme ich einen Krippenplatz? Ab wann soll unser Kind in Krippe? Stehen die Großeltern zur Verfügung?

Gehen Sie als gutes Beispiel voran!

Tief sitzenden Mustern von Geschlechterrollen kann man entgegenwirken, indem man mit gutem Gegenbeispiel vorangeht. Indem man zeigt, bei uns klappt es und es geht uns gut mit unserem Modell. Je mehr gute Beispiele es gibt, desto häufiger sehen Väter, dass es funktioniert. Widerstände bauen sich ab und neue Rollenbilder engagierter Väter entstehen.

Genießen Sie den Alltag mit Ihrem Kind

Wenn Paare die zwei Partnermonate ausschließlich für einen gemeinsamen Urlaub nutzen, verpassen Väter die Erfahrung, wie der Alltag mit Kindern auch in Stresssituationen aussieht. Das zu erleben ist aber wichtig und gut.

Um dem Vorwurf entgegenzuwirken, man hätte in der Elternzeit vor allem eine Menge Freizeit, laden Sie kritische Kollegen ruhig auch einmal zu sich nach Hause ein. Dann sehen die, dass sich Väter keinen faulen Lenz machen. Alternativ könnten Väter ihr Kind auch später immer wieder einmal mit in die Arbeit nehmen, zum Beispiel an Tagen, an denen die Schulen geschlossen sind und es sowieso Engpässe in der Betreuung gibt.

Seien Sie mutig

Männer sollten den Mut aufbringen, den Schritt Elternzeit zu wagen, auch gegen alle Bedenken und Bedenkenträger. Nahezu alle Männer, die das getan haben, beschreiben diese Zeit als ausgesprochen wertvolle Erfahrung für sich selbst – und als große Bereicherung für die Partnerschaft.

Tipps für junge Mütter

Frauen sollten sich mehr darauf einstellen, dass manche Männer Kinder und Haushalt vielleicht nicht perfekt bewältigen, so wie es den Ansprüchen der Frau genügen würde. Betrachten Sie Ihren Mann nicht nur als Praktikanten bei der Kinderbetreuung, sondern als gleichwertigen Partner. Und akzeptieren Sie, dass die Spülmaschine nicht so eingeräumt ist, wie Sie es am liebsten haben, und dass vielleicht das Bad nicht ganz so perfekt geputzt ist. Denn häufig setzen Frauen die Standards und die Männer verzweifeln daran.

Räumen Sie Ihrem Mann einen Vertrauensvorschuss ein, glauben Sie daran, dass er das Kind schon schaukeln wird.

Dass das Modell des männlichen Alleinversorgers bei uns noch so stark ausgeprägt ist, ist eine deutsche Besonderheit. In den Ländern, in denen die Erwerbsbeteiligung der Frauen höher ist, werden mehr Kinder geboren – ein wichtiges Argument für ein nichttraditionelles Lebensmodell. Studien haben gezeigt, dass Paare, die sich Erwerbs-, Erziehungs- und Hausarbeit gleicher aufteilen, zufriedener sind.

Der Experte

Harald Rost ist Soziologe und forscht am Staatsinstitut für Familienforschung an der Universität Bamberg zu den Themen Väter und Übergang zur Elternschaft. Er hat zwei Kinder. Seine Frau und er haben sich die Erziehung, die Erwerbsarbeit und den Haushalt geteilt.

Gesellschaftliche Erwartungen –
Feedback frei Haus

11 Gute Rabenmütter

*Sie: Das schlechte Gewissen,
mein ständiger Begleiter*

Kürzlich hatte ich ein Erlebnis der besonderen Art. Es war, als ob sich Eva Hermanns Schreckensszenarien leibhaftig aus ihrem Buch befreit hätten, um uns kaltherzige, verantwortungslose Mütter in unsere Schranken zu weisen. Plötzlich wurde Wahrheit, was ich stirnrunzelnd bei ihr gelesen hatte: Die Krippe, ein Ort der sozialen Kälte, in der die Kinder vor sich hinvegetieren, die von egoistischen Müttern aus dem warmen Nest des Geborgenheit spendenden Schoßes gestoßen worden waren. Eine Produktionsstätte gestörter Existenzen, die in so zartem Alter der Möglichkeit beraubt werden, ein gesundes Selbstvertrauen aufzubauen, das sich nur durch die Erfahrung, 24 Stunden von Mama beglückt zu werden, entwickeln kann. Da welken zarte Knospen dahin, gerade als uns die Pracht einer ersten Blüte ein Lächeln aufs Gesicht zaubern wollte.

Ich mag Eva Hermanns Ansichten nicht. Ich mag nicht ihre reaktionäre Haltung und auch nicht ihre verkürzte Analyse der durchaus richtig beobachteten Tatsache, dass Frauen mit Vollzeitkarrieren, Haushalt und Kindererziehung überfordert sind. Und ich mag nicht ihre Arroganz solchen Familien gegenüber, die es sich finanziell gar nicht leisten können, eine Vollzeitmutti durchzubringen.

Trotzdem wurde die Ex-Nachrichtensprecherin für mich leibhaftig, als ich vor ein paar Tagen Klein-Max in seine Krippe brachte. Es war ein Morgen wie jeder andere. Nur, dass eine Mutter-Kollegin in dem lichtdurchfluteten, geräumigen Spielzimmer saß, auf einem XXS-Stühlchen, und ihren bitterlich weinenden Schatz ganz doll tröstete. Der kleine Flori wollte nicht, dass seine Mama ihn allein ließ.

Es war herzzerreißend. Flori weinte und weinte. Das rief Ina auf den Plan. Ein süßes Mädchen, das in der Tat oft nach seiner Mama ruft. Sie stimmte ein in Floris Wehklagen und fand alles ganz furchtbar.

Ja, und da war auch Mäxchen fällig. Er wollte dabei sein. Mitmachen. Oder er wollte einfach nicht, dass ich ging. Also klammerte er sich mit der ganzen Kraft seiner kleinen Ärmchen an mein Bein. Dicke Tränen kullerten über sein Kindergesicht.

„Maaammaa, Maamaaa!!", weinte auch Mäxchen nun sehr empört und sehr verzweifelt.

Es war schlimm. Die andere Mutter und ich versuchten, die Kleinen zu beruhigen. Und auch die beiden Erzieherinnen taten alles, um die drei unglücklichen Kinder abzulenken. Das Weinen dröhnte in unseren Ohren. Laut und unerbittlich. Es half aber nix. Irgendwann mussten wir gehen und die Erzieherinnen ihren Job machen lassen. Also riss ich mich los aus der Szene, warf Mäxchen Luftküsse zu und versicherte ihm mit so fröhlicher und Sicherheit ausstrahlender Stimme wie möglich: „Ich hab dich lieb, mein Schatz! Bis nachher!"

Da standen wir nun. Draußen am Zaun. Die andere Mutter und ich. Winkten unseren schreienden Kindern zu und fühlten uns verdammt unwohl in unserer Haut. Konnten gar nicht so richtig glauben, was da gerade ablief. Es war schrecklich. Ich fühlte mich furchtbar. Die andere Frau auch. Wir schauten uns an – sprachlos.

„Oje", sagte ich.

„Oh nein", seufzte sie, ihre Hand auf ihrem Herzen.

„Na, dann hoffen wir mal, dass sie sich beruhigen", versuchte ich, etwas Aufmunterndes zu sagen. Dabei lächelte ich gequält. Wir verabschiedeten uns.

Ich fuhr nach Hause. Düstere Gedanken suchten mich heim. Ich war bedrückt, fühlte mich schlecht. Mein Magen zog sich zusammen. Als hätte ich einen dumpfen Gefühlshammer übergezogen bekommen, der mir jeden Elan raubte. Jede Möglichkeit, einen positiven Gedanken zu fassen. Ich hatte ein furchtbar schlechtes Gewissen. Was, wenn ich doch falsch lag? Was, wenn Klein-Max ganz furchtbar unglücklich war in seiner Kleinkindgruppe? Wenn er dachte, ich würde ihn abschieben? Ich ihm nicht genügend mütterliche Zuwendung gab, damit er lernen konnte, was Bindung heißt? Was, oh mein Gott, wenn Eva Hermann Recht hatte?!

„Auch die Mütter, die zu Hause sind,
haben Schuldgefühle. Fast alle Frauen
haben öfter einmal ein schlechtes Gewissen,
unabhängig davon, ob sie arbeiten oder nicht."
(Prof. Una Röhr-Sendlmeier)

Es ist das ständige schlechte Gewissen, zu dem man als Mutter verdammt ist, wenn man nicht rechtzeitig die Bremse reinhaut. Das man mit sich herumschleppt wie zentnerschwere Einkaufstüten. Egal, was man mit seinem Kind tut oder nicht tut. Es gibt kaum ein Thema, das ideologisch so überfrachtet ist wie die Mutterschaft. Eine gute Mutter stillt (aber exakt sechs Monate – nicht länger). Eine gute Mutter widmet sich in den ersten Jahren völlig den Bedürfnissen ihres Kindes. Eine gute Mutter verzichtet. Eine gute Mutter spielt mit ihrem Kind. Stunde um Stunde. Eine gute Mutter füttert keine Gläschenkost. Eine gute Mutter kocht nur Bio. Eine gute Mutter geht zum PEKiP. Man kann diese Liste von Gute-Mutter-Eigenschaften und Ansprüchen beliebig fortsetzen. Jeder hat dabei offensichtlich mitzuquatschen. Egal ob Mann oder Frau. Es ist entsetzlich.

Sich als Mutter richtig zu verhalten, ist fast unmöglich. Bleibt man mit den Kindern zu Hause, rümpfen die Umstehenden die Nase. Denn antwortet man auf einer Party auf die heiß geliebte Standard-Frage „Und, was machst du so?" geradeheraus: „Ich bin Mutter und Hausfrau", dann kann man davon ausgehen, dass sich das Gegenüber bei nächster Gelegenheit peinlich berührt abwenden wird. Samt seinem schirmchengeschmückten Gratis-Cocktail. Wie langweilig. Ein Heimchen am Herd, bäh.

Outet man sich als Mutter mit Vollzeitjob, hat man sich das Prädikat Rabenmutter gleich mit eingekauft. Wie soll das denn gehen? Wie lässt sich die aufopfernde, im Kochtopf rührende, Küchenschürzen tragende Mutter mit der kostümierten Karriere-Frau vereinbaren? Schließlich bedeutet Vollzeit: ranklotzen, Karriereziele verfolgen. Ist klar. Sonst könnte man als Mutter ja wohl Halbzeit arbeiten.

Und das ist derzeit auch die verträglichste Variante. Erklärt man, man sei Mutter, und kann auf die Frage „Arbeitest du auch?" mit „Ja, aber nur Teilzeit, ich muss mich ja auch um den Kleinen kümmern" antworten, während man dem Gegenüber einen tiefen, wissenden Blick zuwirft, atmet der eben Aufgeklärte auf. Ja, so wird ein Schuh draus. Denn ein bisschen was zu arbeiten, das gehört quasi zum guten Ton. Irgendwie muss ich dabei an die höheren Töchter aus angeblich längst vergangenen Zeiten denken: Deren Marktwert stieg, wenn sie ein Instrument spielen konnten und über gewisse Kenntnisse in Bereichen der schönen Künste, der Literatur verfügten, sodass eine gepflegte Unterhaltung möglich war.

Kurzum: Wie man es macht, macht man es falsch. Denn als Teilzeitarbeiterin bleibt man – seien wir mal ehrlich – Mutter und Hausfrau. Ein Teilzeitjob hat was von einem Alibi. Geschuldet dieser lästigen Moderne. Weil es dabei geblieben ist: Als Mutter ist man zur alleinigen Hüterin des Kindeswohls abgestellt.

Würde Sie es befremden, wenn ein frisch gebackener Vater zwei Wochen auf Geschäftsreise geht? Aber was wäre, wenn das Gleiche eine junge Mutter vorhätte? Eine Mutter hat All-zeit-Hüterin zu sein. Mit oder ohne Job. Eine Aufgabe, der kein Mensch gerecht werden kann. Die Folge: das schlechte Gewissen. Vor allem in Deutschland. Wo es tatsächlich eine Familienminis-terin gab, die Eltern – genauer Mütter – dafür entlohnen wollte, dass sie ihre Kinder nicht in qualifizierte Obhut geben. Die Frau muss mit Eva Hermann befreundet sein!

„Die Geburtenrate ist so niedrig,
weil es das überzogene Mutterideal gibt.
Deshalb trauen sich viele Frauen zu wenig zu.
Zudem erschweren es unsere Arbeitsbedingungen,
Familie und Beruf zu vereinbaren."
(Prof. Una Röhr-Sendlmeier)

Auch mich plagt das schlechte Gewissen. Kann ich eine gute Mut-ter sein, wenn ich mein weinendes Kind von meinem Bein löse, um zu arbeiten oder vielleicht sogar, um – ich wage es kaum zu schreiben – einfach mal Zeit ohne mein Kind zu haben? Warum um Himmels willen will jede unbedingt eine „gute Mutter" sein? Das ist wie ein Zwang. Denn wer schaut schon wirklich hinter die Kulissen? Ja, dahinter – und nicht auf das, was Familien über ihr Zusammenleben und die lieben Kleinen erzählen. Sondern auf das, was sie eben nicht erzählen.

Als ich Klein-Max dann später abhole, bin ich immer noch zerknirscht. Mein Junior spielt im Sandkasten. Mit seinen klei-nen Kumpels. Erst sieht er mich gar nicht. Dann entdeckt er mich. Freut sich. Rennt mir entgegen. Ich nehme ihn auf den Arm. Drü-cke einen Kuss auf seine Wange. So wie jeden Nachmittag, wenn ich ihn abhole.

„Und, haben sich alle wieder beruhigt?", frage ich Frau Albert, eine der Pädagoginnen.

„Ja, ja", winkt sie ab.

„Die haben sich alle gegenseitig hochgeschaukelt. So was haben wir auch noch nicht erlebt, selbst nicht in der Eingewöhnung. So ist das nun mal."

Frau Albert strahlt Gelassenheit aus. Und Ruhe. Sie weiß, wovon sie spricht. Sehr gut.

Am nächsten Morgen ziehe ich Klein-Max wieder seine Schuhe an, so wie immer. Dabei frage ich ihn etwas bang: „Gehen wir jetzt in den Kindergarten?"

„Jaaaaaa!", freut sich mein Sohn.

Kinder sagen immer die Wahrheit. Das wissen wir alle.

Er: Schlechtes Gewissen – hä?

Schlechtes Gewissen? Was soll das sein? Nee, ich habe kein schlechtes Gewissen, wenn es um Klein-Max geht. Warum auch? Schließlich hat Mäxchen in uns doch zwei gute Eltern. Denn trotz ein paar kleiner Fehler, die wir eventuell haben, lieben wir ihn sehr und tun alles, was in unserer Macht steht, damit es ihm gut geht.

Ganz im Gegenteil. Wenn überhaupt, habe ich ein schlechtes Gewissen, weil ich den Kleinen zu sehr beglucke. Denn es läuft alles so überkandidelt mit diesen Kindern. In unserer Generation ist das Elternsein ein Selbstverwirklichungstrip, wie er im Buche steht. Und weil man diese Herausforderung möglichst perfekt erfüllen möchte, gibt man alles, um den Nachwuchs – hingebungsvoll, versteht sich – mit seiner Liebe zu ersticken. Ganz niedrig im Kurs stehen Strenge, Grenzen, deren Sinn das Kind nicht immer verstehen muss, Regeln und der Glaube an die Fähigkeiten des Kindes. So folgen Eltern auf dem Spielplatz ihren Prinzen und Prinzessinnen auf Schritt und Tritt. Dass die Kinder noch allein atmen dürfen, ist da schon viel Freiheit. Ein Baumhaus, vier Kinder, vier Mütter. So sieht der Betreuungsschlüssel auf dem Spielplatz aus. Oder die Eltern fragen ihre Stöpsel: „Was darf es heute Abend sein? Reis, Nudeln, Kartoffeln? Hm?"

Einmal bitte die Kinder mit der gesammelten Flut an Möglichkeiten überrollen. Wie soll denn ein kleiner Mensch so etwas entscheiden? Bekommt ein Wonneproppen einen Wutanfall, weil ein anderes Kind ihm seine rosa Schaufel entrissen hat, eilt die Mutter herbei und regelt die Angelegenheit für ihren kleinen Prinzen: „Du, das ist unsere Schaufel. Gib sie bitte wieder her!"

Ja, so etwas kommt wirklich vor. Meine Frau und ich sitzen oft staunend auf der Spielplatzbank und fragen uns, warum die alle so einen Eiertanz aufführen. Das geht so weit, dass sich besorgte Mütter um unseren Max gleich mitkümmern. Wenn wir sitzenderweise zu wenig Einsatz zeigen. Weil wir glauben, dass Kinder lernen sollten, Konflikte aus eigener Kraft auszutragen. Meine größte Angst ist es, aus falsch verstandener Fürsorglichkeit einen kleinen Tyrannen heranzuziehen, der als einzige Form der Problembewältigung hysterisches Schreien und Jammern gelernt hat, falls die Dinge nicht nach seinen Vorstellungen laufen. Einen Pascha, der meiner Frau und mir zu Hause das Leben zur Hölle macht. So wie bei der „Super-Nanny" auf RTL.

In unserer Generation wird einfach zu viel Theater um Kinder gemacht. Und manchmal ertappe auch ich mich dabei, wie ich Mäxchen frage, ob er nun Müsli, ein Brot mit Wurst oder eines mit Käse zu verspeisen wünscht. Weil ich das Beste für ihn will. Vielleicht weiß er ja schon ganz genau, was er essen möchte, und kann es nur nicht sagen? Eigenständigkeit fördern versus Grenzen setzen: Der Grat ist schmal und es ist schwierig, gegen den Meinungsstrom zu schwimmen.

So gesehen, bin ich froh, nicht in der Haut meiner Frau zu stecken. Denn ihr permanentes schlechtes Gewissen kann ich verstehen. Gerade, was die Kinderbetreuung und Erziehung betrifft. Sie hat schon Recht: Als Frau kann man es nur falsch machen, denn die Mutter steht einfach immer in der Verantwortung um die Kinder – mit allen Konsequenzen.

Ich erinnere mich da an eine Situation: Ich besuchte eine Feier der ehemaligen Doktoranden meines Lehrstuhls. Das Ganze fand in sehr offiziellem und seriösem Rahmen statt: Es gab eine Vorstellungsrunde, bei der jeder aufstand und erzählte, wer er sei. Irgendwann war Tina an der Reihe. Sie berichtete: „Ich habe promoviert, dann bei einer Beratungsfirma gearbeitet. Zurzeit bin ich Hausfrau und Mutter."

„Mütter, die viel von der Welt mitbekommen,
können ihren Kindern
auch mehr über die Welt erklären."
(Prof. Una Röhr-Sendlmeier)

Plötzlich hing bedrückende Stille im Saal. Ich selbst fand ihre Geschichte befremdlich und irgendwie unpassend. Das Thema Kinder war für mich damals noch weit weg, ich dachte: Großartig, da hat sie vier Jahre studiert, vier Jahre promoviert, dann gearbeitet, um jetzt Hausfrau und Mutter zu sein. Das kann es nicht sein. Mit der Bekanntgabe ihres Lebenslaufs sank definitiv ihr Ansehen bei den Anwesenden.

Auf der anderen Seite gibt es meine Kollegin Frida Sturm. Sie wurde während ihrer Elternzeit befördert. Jetzt hat sie eine ordentliche Führungsposition – und Kinder! Respekt. Ich ziehe den Hut vor ihr. Was sie vorhat, bedeutet Megastress: Den Karriereschritt bewältigen, ständig im Fokus stehen und sich gleichzeitig um ihre Kinder kümmern! Na Servus Grüß Gott. Ganz ehrlich: Ich weiß nicht, ob ich das könnte. Ein Mann, der Karriere macht und Vater ist, würde mir gar nicht auffallen. Aber die wenigsten Männer haben auch mit dem Konflikt zu kämpfen, ihr Kind zu vernachlässigen, wenn sie arbeiten.

Also hat frau die Wahl: Super-Glucke daheim oder Rabenmutter mit Fremdbetreuung. Meine Frau entschied sich für Letzteres. Auch für mich stand, bereits als meine Frau schwanger war, fest: Unser Kind soll in die Krippe gehen, je früher, desto besser. Warum? Ich war früher selbst in einer Krippe. Meine Mutter konnte es sich nicht leisten, nicht zu arbeiten. Sie war alleinerziehend, mein Vater hatte sie ja verlassen.

Als wir Klein-Max mit vierzehn Monaten also in seine Betreuungseinrichtung brachten, war ich schwer begeistert: Ich ging mit meiner Frau hin, um mir den Laden mal anzuschauen. Ich durfte mich zu den Kindern setzen. Ich hatte dafür eine halbe Stunde Zeit eingeplant, bevor ich weiter in die Arbeit musste. Aber es gefiel mir im Kindergarten so gut, dass ich über eine Stunde blieb. Zum Schluss musste ich mich von den Kleinen richtig losreißen.

Mir kam der Kindergarten vor wie ein Hort des Glücks: Die schönen Räume, alles aus Holz, hell, geräumig. Die Kinder so süß, wie sie ihre Lieder sangen, das Händewaschlied, das Aufräumlied. Der Rauch einer ausgepusteten Kerze wurde zu Rauchgeistern, welche die Kleinen mit ihren Händen fangen wollten. So etwas kennt man als Karrieretyp nicht.

Es war kein schlechtes Gewissen in Sicht.

Dann fiel mir Eva Hermann in die Hände – also ihr Buch. Sie schreibt, dass es das Schlimmste sei, wenn man nicht die ganze Zeit stillt und das Kind nicht bemuttert bis zum Letzten, denn dann bekommt es einen Knacks. Dazu liefert sie jede Menge Belege in Form von Einzelbeispielen aus ihrem Umfeld. Nach dem Motto: Ich kenne jemanden, der hat einen Cousin, dessen Friseuse hat ein gestörtes Kind, weil sie Haare schneidet. Okay, die Frau, also die Hermann, weiß wirklich nicht, wie eine stringente Argumentation funktioniert.

Trotzdem fragte ich mich plötzlich, ob wir wirklich alles richtig machen. Sollte meine Frau doch besser mit Klein-Max zu Hause bleiben? Ich fragte meine Gattin sogar, ob das mit der Krippe wirklich ein guter Plan sei. Um mein schlechtes Gewissen zu erleichtern. Denn Eva Hermann hatte es für einen Moment geschafft, mich in Zweifel zu stürzen.

Woher soll ich in letzter Konsequenz wissen, wie genau eine gute Erziehung auszusehen hat? Ich bin ein Anfänger-Vater. Ist eine Krippe gut? Oder verpasst man seinem Kind durch die Fremdbetreuung womöglich doch den Psychoknacks? Und würde es den Kleinen später möglicherweise daran hindern, je ein gutes Bindungsverhalten zu lernen, weil man ihn so früh aus dem warmen Nest gestoßen hatte?

Zum Glück bin ich Wissenschaftler. Deshalb vertraue ich der Beweiskraft von Forschungserkenntnissen. Und lasse mich nicht dauerhaft von einer Eva Hermann verunsichern – und auch nicht von gesellschaftlichen Erwartungen.

Weil „Studien" das Totschlagargument in jeder Diskussion um jedes Thema sind, habe ich nach welchen zum Bindungsverhalten gesucht. Und voilà: Es gibt einen Test, der Fremde-Situations-Test nach Ainsworth und Wittig,[11] der das Bindungsverhalten von Kindern überprüft. Dabei kommt heraus: Sicher gebundene Kinder sind mutig, wagen sich in den Raum, erkunden ihre Umwelt. Und eine gute Bindung entsteht nicht durch die Menge an Zeit, die Eltern mit dem Kind verbringen, sondern durch gut verbrachte Zeit, die sich nach Aussage der Autoren durch Feinfühligkeit und Sensitivität der Mutter im ersten Lebensjahr auszeichnet.

In der einzigen Studie, die ich gefunden habe, in der dieser Bindungstest in Bezug zum Krippenbesuch gesetzt wird, konnte nachgewiesen werden „dass die Tatsache des Krippenbesuchs die Qualität der Beziehung zur Mutter nicht beeinflusste, auch nicht der Zeitpunkt des Krippeneintritts (vor oder nach zwölf Monaten)." Nachzulesen ist diese Erkenntnis in dem 1300-Seiten-Schinken von Rolf Oerter und Leo Montada, dem Standardwerk der Entwicklungspsychologie.[12]

---

11 Ainsworth, M. D. S. and Wittig, B. A. (1969). Attachment and exploratory behavior of 1-year-olds in a strange situation. In B. M. Foss (ed.), Determinants of Infant Behavior, IV (pp. 111–136). London: Methuen

12 Entwicklungspsychologie, Rolf Oerterer, Leo Mantada, Beltz, 6. Auflage, 2008

Mich überzeugt das. Wie gesagt, ich bin ein Freund von wissenschaftlichen Erkenntnissen. Und wer so viele Seiten schreibt, der muss ja recht haben. Deshalb plagt mich glücklicherweise auch kein schlechtes Gewissen.

Das sagt die Expertin

Die Entwicklungspsychologin Una Röhr-Sendlmeier rät:

Machen Sie sich frei von überholten Mustern

In Deutschland orientieren sich viele Frauen am Ideal der perfekten Mutter, die für alle familiären Belange optimal Sorge zu tragen hat. In der Folge beziehen Mütter alles, was nicht positiv in der Familie und vor allem mit den Kindern läuft, auf sich. Sind sie berufstätig, machen sie häufig ihren Beruf für Probleme verantwortlich. Dieses Muster finden wir bei Männern kaum.

Machen Sie sich klar, dass Sie nicht für alles zuständig sein müssen

Sie können bestimmte Dinge delegieren und Sie müssen nicht alles perfekt erledigen. Unsere Untersuchungen haben gezeigt, dass Frauen mit traditionellen Rollenvorstellungen stärkere Schuldgefühle haben als solche mit gleichberechtigten Auffassungen.

Verdeutlichen Sie sich die positiven Aspekte von Berufstätigkeit

Berufstätige Mütter erwerben größere soziale Kompetenzen, weil sie in verschiedenen Lebensbereichen lernen, aktiv zu sein oder sich zurückzunehmen und sich den Erfordernissen der Situation anzupassen. Sie erfahren Anerkennung – nicht nur in Form von Geld – und profitieren davon, vielfältige Rollen zu leben.

All das ist gut für Ihre Persönlichkeitsentwicklung. Sie können als Mutter so ein vielfältiges Vorbild für Ihre Kinder sein.

Denken Sie auch an sich

Anhand verschiedener Studien sehen wir, dass berufstätige Mütter insgesamt zufriedener sind als Hausfrauen. Es ist wichtig, dass sich Mütter wohlfühlen. Geht es der Mutter gut, gilt das meist auch für die Kinder, weil zufriedene Mütter anders mit ihnen umgehen. Sie setzen konsequenter Regeln, berücksichtigen aber auch die Belange der anderen Familienmitglieder. In der Regel ist ihr Erziehungsstil demokratisch.

Vermitteln Sie Ihren Kindern Berufstätigkeit als etwas Positives

Stellen Sie den eigenen Beruf oder den des Partners nicht als etwas Stressiges und Unerwünschtes dar, weil Sie damit die Sicht des Kindes auf die Erwerbstätigkeit negativ färben.

Wählen Sie ein Arbeitspensum, das für Sie zu bewältigen ist

Denn dauerhaft gestresste Eltern beeinträchtigen das Wohlbefinden ihrer Kinder.

Sorgen Sie für eine gute Betreuungssituation

Qualitätsmerkmale von Kindertagesstätten und Kindergärten sind:
- ein gutes Betreuer-Kind-Verhältnis, das ein sicheres Bindungsverhalten der Kinder fördert (bei Kindern zwischen einem und drei Jahren sind drei Kinder je Betreuerin angemessen);
- ein vielseitiges, altersgerechtes Bildungsangebot wie Singen, Turnen, Bauen, Basteln;
- ein friedliches Miteinander in einem positiven Beziehungsklima mit Betreuerinnen und Betreuern, die die Bedürfnisse der Kinder einfühlsam erkennen und erfüllen.

Ist all das gegeben, schadet der Besuch der Krippe Ihrem Kind ganz sicher nicht.

Qualität statt Quantität

Seien Sie in der Zeit, die Sie mit Ihren Kindern verbringen, empfindsam für deren Bedürfnisse. Schaffen Sie eine entspannte Atmosphäre, in der die Kinder ihre Erlebnisse gemeinsam mit Ihnen verarbeiten können. Die zusammen verbrachte Zeit sollte anregungsreich und liebevoll sein.

Feste Bezugspersonen finden

Sorgen Sie dafür, dass das Umfeld Ihrer Kinder stabil ist. Besonders kleinen Kindern schadet es, wenn Betreuungspersonen häufig wechseln, denn sie brauchen sichere Bezugspersonen.

Bleiben Sie flexibel

Die Charaktere und Bedürfnisse von Kindern lassen sich nicht in Schablonen pressen. Deshalb braucht man die Bereitschaft, flexibel zu sein und zu bleiben.

Suchen Sie nach beständigen Lösungen: gute Netzwerke, eine Tagesmutter, die Nachbarin. Um verlässlich auf solche Ressourcen zurückgreifen zu können, muss man häufig viel Phantasie entwickeln – keine leichte Aufgabe.

Auch auf die Väter achten

Männer haben auch Schuldgefühle. Aber weit weniger, weil sie das Verhalten ihrer Kinder auf sich beziehen. Bei Vätern entsteht ein schlechtes Gewissen, wenn sie wegen ihres Berufes weniger Zeit für die Familie aufbringen können, als sie gerne würden.

Väter sollten abwägen, ob der Beruf wirklich in allen Hinsichten immer das Wichtigste ist. Versuchen Sie als Vater, sich mehr ins Familiengeschehen einzubringen.

Unterstützen Sie einander

Männer könnten ihre Frauen darin bestärken, dass nicht alles perfekt sein muss. Das ist wichtig, um den vorhandenen gesellschaftlichen Erwartungsdruck nicht noch weiter zu erhöhen.

Unsere Ergebnisse zeigen: Wenn sich eine Mutter im Haushalt und der Kindererziehung von ihrem Partner unterstützt fühlt, sind ihre Schuldgefühle den Kindern gegenüber geringer.

Vergeuden Sie keine Zeit

Im Schnitt verbringt jeder Erwachsene drei Stunden täglich vor dem Fernseher. Es gibt also zeitliche Spielräume. Die könnten Väter zum Beispiel nutzen, um mit ihren Kindern Ball zu spielen oder ihnen etwas vorzulesen.

Die Expertin

Professorin Una Röhr-Sendlmeier leitet die Abteilung für Entwicklungspsychologie und Pädagogische Psychologie an der Universität in Bonn. Ihr Forschungsschwerpunkt sind berufstätige Mütter und deren Familien und wie sich die Erwerbstätigkeit von Müttern auf die Entwicklung ihrer Kinder auswirkt.

---

12 Willkommen im Heute

Sie: Wir haben neue Sonntagsväter

„Neue Väter braucht das Land!", rief Ursula von der Leyen im Jahr 2005 herab von ihrer Kanzel als damals designierte Familienministerin. All die Herren, die sich nicht aufgeschlossen für Erziehungsarbeit zeigten und keine Frau auf Augenhöhe wollten, würden keine Partnerinnen mehr finden, malte die Ministerin das männliche Schreckensszenario der Zukunft. Leider hatte sie Unrecht. Denn es gibt auch heute genügend Männer, die dieser hehren Eigenschaften entbehren und dennoch nicht als alternde und seltsam gewordene Junggesellen enden. Ganz im Gegenteil: Laut einer Allensbach-Studie aus dem Jahr 2010[13] führen drei Viertel der Mütter den gemeinsamen Haushalt nach wie vor zum größten Teil allein.

Aber glücklicherweise haben Ursula von der Leyens Zukunftsvisionen auch Früchte getragen. Es gibt sie, die neuen Väter. Man muss nur ganz genau hinschauen, dann kann es tatsächlich passieren, dass einem das eine oder andere Exemplar vor die Linse läuft. So wie ein Eichhörnchen, das man mit etwas Glück im Unterholz erspäht, bevor es sich wieselschnell auf den nächsten Baum flüchtet.

Aber die neuen Sonntagsväter kann man treffen. Vorwiegend am Wochenende, gern auf dem Spielplatz. Da stehen sie nun und unterhalten sich – vorzugsweise über Kinderwagen. Da kennen

---

13 Monitor Familienleben 2010, Institut für Demoskopie, Allensbach

sie sich aus. Das hat was von Autos. Welches Modell bietet den größten Komfort für Junior? Welches lässt sich am einfachsten zusammenklappen und wie klein kann man das Teil machen? Welcher Wagen ist geländegängig, welcher stadtgeeignet? Ich finde es gut, wenn Männer Einsatz bei der Kindererziehung zeigen. Und wenn Kinderwagen nun mal das sind, womit sie sich gern beschäftigen, dann bitteschön.

Das Gute am Sonntagspapa ist, dass er montags wieder in die Arbeit geht. Also: für ihn ist das gut. Vielleicht ist es auch nicht gut für ihn. Er leidet möglicherweise darunter, seine Familie unterm Strich doch eher selten zu erleben. Aber der subtile Druck seiner Geschlechtsgenossen erschwert es, ein neues Bewusstsein zu leben, ein echter neuer Vater zu werden. Und dann ist da noch die Angst, als Windeln wechselnder Tränentrockner seine Männlichkeit zu verlieren und in der Folge seine Frau. Denn in unserem tiefsten Unterbewusstsein wollen wir Frauen doch alle nur das eine: einen richtigen Mann. Einen echten Kerl. Einen, der uns zeigt, wo es langgeht. Uns beschützt. Einen, in dessen starken Muskel-Armen wir uns sicher fühlen.

Auffällig an den neuen Sonntagsvätern ist, dass sie oft ihre Frauen im Schlepptau haben. Nicht immer, aber häufig. Wenn dann Junior vom Klettergerüst plumpst, ist Mutti doch schneller. Und tröstet besser. Sie kennt sich aus. Gelernt ist gelernt. Und Vati war grad so vertieft ins Gespräch – über Kinderwagen. Jetzt, da doch Sonntag ist und er endlich freihat.

Ja, das Rollenverständnis hat sich geändert. Genauso, wie es zum guten Ton gehört, dass Mütter einem Halbtagsjob nachgehen, wissen die neuen Väter, wie man eine Windel wechselt. Auch, wenn das noch nicht bei allen Frauen angekommen ist. Ein Freund von mir, ein sehr mutiger, wagte sich vor einiger Zeit in die Höhle der Löwinnen, ins Frauenklo. Denn nur dort findet sich eine Wickelstation. Er begab sich ans Werk. Er ist Profi, er hat ein ganzes Jahr bei seinen Kindern verbracht. Aber das stand ihm nicht auf der Stirn geschrieben. Sodass ihn eine einsatzbereite

Mutter wegdrängte vom Ort des Geschehens, also seinem Baby, das eine neue Windel brauchte, und fragte: „Haben Sie das schon mal gemacht?"

Das ist nicht förderlich. Weder für neue Väter noch für neue Mütter. Und was die neuen Väter betrifft: Wie viele nehmen wirklich Elternzeit? Und vor allem: Wie lange? Und wie viele Männer arbeiten mittelfristig in Teilzeit wegen ihrer Familie?

> *„Durch die Rollenzuschreibungen*
> *entstehen Nachteile und Bevorzugungen*
> *für beide Geschlechter."*
> (Christoph Kucklick)

Immerhin beanspruchen inzwischen rund 24 Prozent der Väter Elternzeit. Allerdings beschränken drei Viertel davon ihren Einsatz auf die Mindestzeit von zwei Monaten. Was die Teilzeitquote betrifft, befinden wir uns sogar noch vor dem Urknall: Rund 70 Prozent der Mütter zwischen 15 und 64 Jahren gehen einem Job in Teilzeit nach, bei den Vätern sind es ganze sechs Prozent[14].

Vor einiger Zeit habe ich mit zwei Freundinnen, Alexandra und Sabine, einen Wochenendtrip unternommen. Beide Freundinnen haben Kinder. Als wir in unserem Hotel, einem Wellness-Tempel der besonderen Art, angekommen waren und frisch gepressten Orangensaft schlürfend, eingewickelt in weiße Wellness-Handtücher, auf ergonomisch angepassten Ganzkörperliegen versuchten, uns zu entspannen, erzählte Sabine, was ihre Abwesenheit daheim bedeutete: „Montagmorgen habe ich Extra-Stress. Sebastian wird kaum aufgeräumt haben, die Wäsche wird sich stapeln. Weil alles, was ich jetzt am Wochenende nicht erledige, liegen bleibt."

---

14 Familienreport 2011 – Leistungen, Wirkungen, Trends, BMFSFJ, S. 50

Sabine und Sebastian haben drei Kinder. Da ist das Ausmaß der Hausarbeit etwas ausschweifender. Und Sebastian ist ein sehr moderner Mann, den sich viele Frauen wünschen würden und der selbstverständlich jeden Morgen die Kinder in den Kindergarten bringt. Aber selbst da bleiben einige Tätigkeiten fest in Frauenhand. Kloputzen zum Beispiel. Auch ich kann mich nicht erinnern, wann mein Ehemann in unserer Wohnung mal das Klo geputzt hätte.

Neue Väter aber sollten auch das Klo putzen. Und wissen, wann ihre Kinder zu welcher Geburtstagsparty müssen. Dass man dazu Geschenke besorgen muss. Sie sollten wissen, dass die Kleinen regelmäßig zur Vorsorgeuntersuchung müssen und zum Impfen. Sie sollten wissen, wie der Babysitter heißt, der einspringt, wenn es brennt, sowie seine Nummer gespeichert haben. Denn sie sollten sich auch daran beteiligen, den ganzen Kladderadatsch zu organisieren. Sonst bleibt diese schöne Umschreibung einer neuen Männlichkeit ein Lippenbekenntnis. Es reicht leider nicht, sich mit Kinderwagenmarken auszukennen. Ein echter Mann weiß auch, welche Popocreme zum Einsatz kommt, wenn der Allerwerteste des Kindes wund ist.

Zu glauben, wir Frauen fänden das alles unsexy, ist altmodisch. Denn ein mutiger Papa im Einsatz verdient großen Respekt. Er ist ein Vorreiter seines eigenen Geschlechts. Ich finde das sehr männlich, weil er zeigt, dass er Verantwortung übernimmt. Echte Verantwortung, zu Hause an der Front. Und weil ihm egal ist, dass er gegen den Strom schwimmt. Denn genau das tut er, heute, im Jahr 2014.

Kritisch geneigte Leser mögen sich an dieser Stelle fragen: „Jetzt reicht es doch langsam. Kriegt die denn nie genug? Jetzt sollen die Männer auch noch zu Revoluzzern in der Sache der Frauen werden!?"

Ich kann Entwarnung geben. Das würde mir so reichen. Hätten wir all das geschafft, zöge ich den Hut vor den mutigen Männern und Frauen, die wirklich bereit waren, etwas zu verändern.

Er: Wie viel verdienst du noch gleich?

Jetzt ist alles gesagt. Aber gut, ohne ein Schlusswort schmeckt die Geschichte wie kalter Kaffee. Also werde ich nachdenken, was ich noch Erhellendes zum kompliziertesten Thema aller Zeiten beizusteuern habe. Ohne mich zu wiederholen.

Ob ich ein neuer Vater bin? Ja und nein. Auf jeden Fall bin ich für unseren Max kein Gespenst, das alle Jubeljahre vorbeiflattert. Falls er später mal auf der Psychiater-Couch landen sollte, aus welchen Gründen auch immer, kann ich eines ausschließen: Dass er in tiefenpsychologischer Erinnerung an seine Kindheit die Klassiker-Nummer bringt. Er kenne seinen Vater kaum, weil er nie da gewesen sei. Nicht mit ihm Fußball gespielt habe und all das.

Manchmal, wenn unser Kleiner nicht genau weiß, wen von uns beiden er nun herzitieren soll, ruft er gern: „Maapa!"

So gesehen bin ich ein Vollblut-Neuer-Vater. Ich gehöre sogar zu den Männern, die sich am Sonntag allein mit ihrem Kind auf dem Spielplatz die Zeit vertreiben. Oder mein Sohn und ich statten den Tieren im Zoo einen Besuch ab. Ganz in der Früh, wenn noch nicht so viel los ist und die Tiere ihren Tag beginnen.

Aber auch ich gehe jeden Montagmorgen wieder in die Arbeit. Das führt dazu, dass ich nie das Klo putze, selten bis nie Geburtstagsgeschenke besorge und nie Impftermine vereinbare. Wann auch? Warum auch? Das erledigt schließlich meine Frau. Es ist zurzeit einfach ihr Job. Wenn es anders wäre und sie so viel verdienen würde, dass sie unsere Brötchen und alles, was wir sonst zum Leben brauchen, ranschaffen könnte, dann würde ich natürlich das Zepter zu Hause schwingen. Dann würde sie schon sehen, wie der Laden läuft. Denn der Kleine ist so süß. Vor allem, wenn er schläft! Und auch, wenn er wach ist. Ich weiß gar nicht, was meine Frau immer hat.

Während meiner Elternzeit saßen wir in Portugal am Strand. Eine leichte Brise kühlte unsere Haut, das gleichmäßige Rauschen der Wellen klang in unseren Ohren, die rauen Felsen der portugiesischen Küste thronten in unserem Rücken. Klein-Max buddelte im Sand, als gäbe es kein Morgen, und meine Frau las alle möglichen Bücher zum Thema Feminismus. Nach der Lektüre eines für sie offensichtlich besonders inspirierenden Werkes fragte sie mich feierlich, wie ich mir unser Leben in Zukunft vorstellte. Ihre Augen leuchteten, die Wangen waren gerötet. Ob ich bereit sei, Haushalt, Kindererziehung und Geldverdienen mit ihr gerecht aufzuteilen? Denn das würde bedeuten, eine moderne Beziehung zu führen. Und das sei ihr Ziel.

> *„Wenn es in unseren vier Wänden*
> *zu häuslicher Gewalt käme,*
> *würde die Polizei mich mitnehmen*
> *und nicht meine Frau – ganz egal,*
> *wer tatsächlich gewalttätig war."*
> (Christoph Kucklick)

Ich war perplex. Was hatte das denn jetzt zu bedeuten? Waren ihr ihre Bücher zu Kopf gestiegen? Oder die Sonne? Ja klar. Theoretisch hätte ich nichts dagegen, alles mit ihr aufzuteilen. Aber wie sollte das funktionieren? Schließlich lag ihr Einkommen weit unter meinem. Deshalb sagte ich zu ihr: „Das können wir so machen. Wenn du mindestens die Hälfte meines Gehalts verdienst. Besser noch mehr."

Das Leuchten in ihren Augen erlosch. Was hatte ich nun schon wieder falsch gemacht? Ich verstehe ja, was sie meint. Aber es bleibt eine Utopie: zu glauben, man könne die Strukturen, in denen wir leben, so einfach auf den Kopf stellen.

Und dann bleibt da noch das Problem mit der Männlichkeit. Wann ist denn jetzt der Mann ein Mann? Ich glaube schon, dass Frauen nicht darauf verzichten wollen, sich anzulehnen. Sie mögen es, zu wissen, dass ihnen die Stärke des anderen Schutz verspricht. Männlichkeit durch Hausarbeit? Puh, ein krasser Plan. In meinem Kopf ploppt folgende Assoziationskette auf: Weichei, Warmduscher, Sauna-unten-Sitzer, Schattenparker, Strohsternbastler, Bei-Domian-Anrufer, Semmel-über-der-Spüle-Aufschneider und, und, und …

Es ist nicht leicht, ein neuer Mann zu sein. Denn was ist, wenn die geliebte Frau ihren neuen Mann doch nicht mehr begehrenswert findet? Weil er zu viel spült und sich dazu auch noch ihre Mutti-ist-die-Beste-Schürze ausgeliehen hat? Die Frage lautet: Wie viel Abwasch verträgt die Frau?

Während ich auf unserem Balkon sitze und über all das nachdenke, spüre ich, wie ein Wind aufkommt. Die Wolken ziehen an mir vorbei. Als hätten sie es eilig. Als wären sie auf dem Weg. Mir wird kalt. Ich gehe rein.

Das sagt der Experte

Der Journalist und Soziologe Christoph Kucklick sagt:

Denken Sie über tatsächliche Emanzipation nach

Unser Männerbild ist negativ. Seit rund zwei Jahrhunderten wird der „Neue Mann" gefordert. Dahinter steckt die Annahme, dass mit den Männern etwas nicht stimme. Dieses „Seid andere!" besteht für Frauen nicht in dieser Weise.

Stellen Sie sehr zeitig Weichen

Wer Gleichheit in der Ehe und bei der Familienarbeit fordert, sollte möglichst früh die Weichen stellen, sie auch zu erreichen. Frauen können sich zum Beispiel bei der Berufswahl fragen, ob es klug ist, Kunstgeschichte statt Maschinenbau zu studieren, wenn sie wissen, dass Einkommensunterschiede die innerfamiliäre Verteilung bestimmen wie kaum etwas anderes.

Machen Sie Ihre eigenen Regeln

Richten Sie im Privatleben Wahlmöglichkeiten ein, um Ihr Miteinander so zu gestalten, wie Sie es möchten. Machen Sie sich nicht von Formvorschriften abhängig: Verteilen Sie die in der Familie anfallenden Arbeiten nicht gemäß der Geschlechter, sondern entsprechend der Stärken und Schwächen der Mitglieder.

Hinterfragen Sie alles

Das negative Männerbild entstand vor 200 Jahren, als Philosophen und Schriftsteller (männliche und weibliche) als Reaktion auf tiefgreifende soziale Umwälzungen die Einschätzung entwickelten, Männer seien egoistisch, gefühllos, gewalttätig, hypersexuell und kommunikationsgestört. Im Gegensatz dazu wurde die friedliche Frau erfunden, die moralische, sensible, die zu Hause die Welt, die der Mann ruiniert, wieder heilt.

Gleichen Sie Klischees mit der Wirklichkeit ab und üben Sie, das Nichtklischeehafte am anderen zu sehen. Frauen könnten folgende Unterstellungen näher betrachten: Männer reden nicht – wann erzählt er viel? Männer zeigen keine Gefühle – wie oft zeigt er mir, dass er mich gernhat? Männer könnten solche üblichen Zuschreibungen überprüfen: Sie ist dauernd mit ihren Gefühlen beschäftigt, sie begibt sich gern in Abhängigkeit, bei Konflikten gleicht sie immer aus. So kann ein komplexeres Bild vom anderen entstehen.

Beobachten Sie sich, wie oft Sie Klischees einfordern

Frauen bitten häufig bei kleinen handwerklichen Problemen ihren Mann, das zu regeln. Anstatt zu sagen: Das kann ich auch. Sie können auch überlegen, ob jede Einkaufstasche die durchschnittlich vier Prozent größere männliche Muskelkraft erfordert.

Männer könnten sich fragen, wie oft sie von ihren Partnerinnen erwarten, sich hübsch anzuziehen – weil sie es genießen oder weil sie es zur eigenen Aufwertung wünschen? Mit solchen Verhaltensmustern verfestigen sich die Klischees immer wieder.

Bestehen Sie auf tatsächlicher Gleichberechtigung

Seit der Erfindung des negativen Männerbildes haben auch Männer Nachteile. Um nur ein Beispiel zu nennen: Kriminalität ist nahezu komplett vermännlicht. Heutzutage sperren wir fast exklusiv Männer ein. Früher waren 30 bis 60 Prozent der Straftäter weiblich.

Um der Diskriminierung von Männern entgegenzuwirken, muss man sie in der jeweiligen Situation ansprechen. Wenn ein Mann in der Firma schief angeschaut wird, weil er wegen seiner Familie früher geht, hilft nur, darüber mit Vorgesetzten und Kollegen zu sprechen.

Ein Zukunftstraum: Leben ohne Rollenklischees

Wenn uns eines Tages keine Verallgemeinerung einfällt für die Geschlechter und wir auf die Fragen „Wie soll eine Frau sein? Wie ein Mann?" antworten: „Wie immer sie/er sein will" – dann haben der Feminismus und andere progressive Gender-Bewegungen ihr Ziel erreicht.

Auch wenn wir unsere Kinder nicht geschlechtsneutral erziehen können, können wir geschlechtsbezogene Abweichungen annehmen und fördern: Nicht in Panik ausbrechen, wenn sich ein Junge schminken möchte. Oder ein Mädchen, das Mathe nicht mag, motivieren, es zu lernen. Vermitteln Sie Ihren Kindern die Chancen des jeweils anderen Geschlechts.

Der Experte

Christoph Kucklick ist Journalist und Soziologe. Er hat über die Erfindung des negativen Männerbildes promoviert. Sein Buch „Das unmoralische Geschlecht. Zur Geburt der negativen Andrologie" ist im Suhrkamp Verlag erschienen. Kucklick ist Chefredakteur der Zeitschrift Geo.

Über die Autorin

Diana Faust, Jahrgang 1980, ist Redakteurin und Mutter. Nach einem Volontariat bei der Münchner Tageszeitung tz schrieb sie für diverse Fachmagazine und verfasste als Ghostwriterin das Buch „Pfiffe und Applaus" für den Münchner Philharmoniker Bob Ross. Nachdem sie 2010 ihr erstes Kind bekam, war sie eine Zeit lang als freie Journalistin, Autorin und Lektorin tätig. Jetzt arbeitet sie für die Apotheken Umschau.